미스터리 세계사

세상을 뒤흔든 역사 속 28가지 스캔들

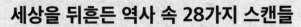

세상을 뒤흔든 역사 속 28가지 스캔들

미스터리 세계사

The Mysteries of History

그레이엄 도널드 지음

이영진 옮김

현대
지성

차례

3부 추악한 살인 사건들의 진상

4부 건축과 종교를 둘러싼 미스터리

5부 분쟁과 재앙을 둘러싼 미스터리

머리말

○

●

볼테르는 한때 역사가들을 죽은 자를 희롱하고, 불명예스러운 자를 칭송하며, 존경할 만한 자라도 경제적 물주들이 반기지 않을 것 같으면 비방하는 만담꾼 정도로 치부했었다.

어느 정도는 볼테르가 옳다고 볼 수 있다. 오늘날까지도 역사의 주요 사건들 중에는 모순된 허위 정보들과 편향된 견해에 담겨 미로처럼 전해지는 것들이 있기 때문이다. 이 때문에 현대의 독자들은 진실을 찾아내기 위해 아득한 안개 속을 조금씩 헤쳐 나갈 수밖에 없다. 역사적으로 유명한 인물들의 평판을 다시금 세밀하게 조사해 보면 숭고하게 여겨졌던 이들이 허울을 벗게 되는 경우도 있고, 불명예스럽던 이들이 오명을 벗게 되는 경우도 있다.

'경기병 여단의 돌격Charge of the Light Brigade'의 경우 군법 회의에 소

집될 만한 수준의 대실책을 군 조직 내에서 편파적으로 윤색한 사건이었다. 따라서 이 사건은 국가의 체면을 살리고자 평범한 영국 병사들을 맹목적 영웅주의자로 윤색한 역사로 재정립되어야 한다. 크리펜Crippen이 잔혹한 살인마로 몰려 가차 없이 교수형에 처해진 사건도 한 젊은 법의학자가 자신의 명성에 집착하여 벌인 역사적 오류였다. 드라큘라 백작 부인으로 유명한 실존 인물 바토리 에르제베트Báthory Elizabeth도 실제 모습은 전해지는 이야기처럼 끔찍하지 않다. 그녀는 오히려 자신의 막대한 부를 노리는 이들의 희생양이었을 뿐이다.

내가 이 책을 집필하며 가장 주의한 것은 혹시라도 편파적인 출처에 의존하게 되는 함정이었다. 그래서 어떤 자료가 매우 저명한 저자의 것이더라도, 거기에 나오는 날짜나 정보들에 대한 동조 의견이나 반대 의견을 모두 비교하며 교차 점검했다. 하지만 독자가 오류를 발견하게 된다면, 나는 그것을 매우 기꺼이 수정할 것이다.

그레이엄 도널드

1부

허위와 날조의 역사

프랑스인들이 지어낸
국민 영웅 잔 다르크[1]

○
●

많은 이야기들이 잔 다르크를 15세기 초의 여성 영웅으로 그리고
있다. 잔 다르크는 프랑스 군대를 이끌고 백년전쟁[2]에 참가하여 침
략군인 영국-부르고뉴Bourgogne 동맹군에 맞서 수많은 승리를 거두
었지만 결국 마녀 혐의로 체포되어 루앙Rouen 시장터에서 화형 당했
다고 전해진다. 그러나 실제로 그녀는 프랑스인이 아니었고, 군대를
지휘하거나 전투에 출정한 적도 없으며, 마녀사냥으로 처형된 적도
없는 듯하다. 그렇다면 어떻게 그런 그릇된 사실들이 모여 이 우상

~~~~

1 프랑스식 표현은 '잔 다르크Jeanne d'Arc'이고 영어식 표현은 '조앤 오브 아크Joan of Arc'
이다.
2 프랑스와 잉글랜드의 왕위 다툼에서 비롯되어 116년에 걸쳐(1337-1453) 양국 간에 벌어
진 전쟁.

적 인물을 창조하게 된 걸까?

잔 다르크는 1412년에 프랑스 로렌Lorraine 지방 동레미Domrémy에서 태어났다. 이곳은 1766년까지 프랑스에 동화되지 않은 독립 공국公國이었다. 그녀의 아버지 이름은 자크 다르체Jacques Darce다. 다르크스Darx, 다르크Darc, 타르체Tarce로 다양하게 표기되지만 적어도 다르크d'Arc는 아니었다. 그의 이름 안에 들어가는 아포스트로피(')는 15세기 당시 프랑스 이름에 사용된 적이 없고, 그의 출신지일지도 모를 아르크Arc라는 곳도 존재하지 않았다. 그녀의 어머니 이름은 이사벨 드 부통Isabelle de Vouthon — '부통 출신의 이사벨'이라는 뜻 — 이었다. 그녀의 어머니와 아버지 둘 다 로메Romée라는 성씨도 부여받았는데,[3] 둘 중 하나라도 그 자격에 걸맞게 로마 성지 순례를 다녀온 적이 있는지도 알 수 없다. 이 부부의 세례 받은 딸의 이름은 원래 잔Jeanne이 아닌 '자네트Jehannette'였다. 다르크Darc의 오독에서 나온 잔 다르크 — '아르크 출신의 잔'이라는 뜻의 — 라는 칭호는 19세기 전에는 등장하지 않았다. 생전으로 추정되는 시기에는 라 퓌셀La Pucelle 즉, '처녀The Maid'[4]로 불렸다. 로메 부부the Romées의 집안은 단순한 농민 집안이 아니었다. 크게 성공한 농부이자 지역 유지였던

---

3 로메라는 성씨는 로마 성지 순례를 다녀온 사람에게 부여되는 성씨였는데 이들 부부가 이 성씨를 돈을 주고 샀다는 설도 있다.

4 'maid'는 그저 '결혼하지 않은 여자'의 의미이므로, '처녀' 혹은 '아가씨'로 옮길 수 있다. 우리나라에서는 종교적인 의미를 덧붙여 '성처녀'로 옮기기도 한다.

그녀의 아버지 자크는 "그 애[자네트]가 프랑스에 간다면 내 손으로 그 애 목을 졸라 버릴 것"이라고 위협했다고 한다. 이 사실만으로도 우리는 동레미인들이 자신들을 프랑스인으로 여기지 않았다고 추정할 수 있다.

19세기에 노트르담에서 발견된 연대기에는 자네트에 관한 내용이 많이 나온다. 하지만 이 문서의 내용을 사실로 여기는 이들은 없다. 프랑스의 매우 저명한 역사가 로저 카라티니Roger Caratini는 다음과 같이 쓰고 있다.

> 매우 유감스럽게도, 나는 우리 프랑스인들이 학교에서 잔 다르크에 관해 배운 게 거의 없다고 생각한다. 그녀에 관한 거의 전부가 애국심을 고취할 인물이 절실히 필요했던 19세기 프랑스에서 창작된 듯하다. 당시 프랑스는 영웅을 원했다. 하지만 혁명의 신화들은 너무 피비린내가 나서 국가의 수호성인 이야기를 거의 지어내다시피 했다. 하지만 애석하게도 실상은 약간 다르다. 잔 다르크가 백년전쟁에 나가서 했던 역할은 없거나 아주 미미했다. 오를레앙Orléans이 포위전을 겪은 적이 없다는 단순한 이유만 봐도, 그녀를 오를레앙의 해방자로 보기는 힘들다. 잉글랜드인들도 그녀의 죽음과 아무 상관이 없었다. 안타깝게도, 그녀를 심문하고 이단 선고를 내린 곳은 프랑스 종교재판과 그에 관여한 파리 대학이었다. 사실 우리의 민족 영웅을 죽인 이는 바로 우리였다. 우리가 잉글랜드인

환영의 목소리를 들었다는 처녀

나폴레옹이 국민 영웅으로 부활시키기 전까지 잔은 프랑스에서조차도 관심을 받은 적이 거의 없었다. 그녀가 백년전쟁에서 부하들을 이끌고 그토록 혁혁한 승리를 거두었다면, 그에 대한 열렬한 증언들은 다 어디로 간 걸까? 우리가 알고 있는 것은 단지 꿈속에서 어떤 목소리를 들었고 '환영을 보았다'는 젊은 처녀의 막연한 이야기뿐이다. 그녀는 안디옥Antioch의 성녀 마르가리타St Margaret와 알렉산드리아Alexandria의 성녀 카타리나St Catherine의 계시를 받았다고 한다. 당시 사람들은 이 두 성녀가 실재했다고 믿었지만, 그들이 존재하지 않았다는 것은 성인聖人 애호가들hagiophile도 의심하지 않던 사실이다. 결국 실재하지도 않은 두 성녀의 목소리에 인도되었다고 주장하는 영웅 또한 허구에 불과하다. 하지만 이 중 어떤 사실도 잔 다르크가 1920년에 성인으로 추대되는 것을 막지는 못했다.

들과 문제가 있었다 해도 잔 다르크와 관련해서는 정말 그러지 말았어야 했다.

잔 다르크가 19세기에 지어낸 인물이고, 설령 그게 아니라 해도 기껏해야 '궁에서 주는 일급을 받으며 깃발이나 들고 군대를 따라다

넜던 수많은 처녀 중 하나였다'라고 생각하는 사람이 카라티니뿐만은 아니다. 당시 프랑스는 혼란을 겪고 있었다. 잉글랜드인들이 프랑스 외곽의 부르고뉴인들과 동맹하여 프랑스의 광대한 지역을 장악했고, 그 결과 프랑스 왕실은 루와르Loire강 유역의 시농Chinon으로 대피해야 했다. 잔 다르크의 전체 전설을 액면 그대로 받아들인다면, 우리는 자기 이름을 겨우 쓸 정도로 문맹인 16세 시골 소녀가 시농성으로 말을 몰고 가서, 그녀를 시험하기 위해 신하들 사이에 숨어 있던 샤를Charles 황태자를 한 치의 오차도 없이 찾아내고, 자신이 두 성녀의 '목소리'를 들었으며 그들로부터 몇 가지 예언을 받았다고 얘기한 뒤, 전투 사령관이 되어 유유히 걸어 나오는 이야기를 믿어야만 한다. 황태자가 어수룩해서 그녀에게 군대를 내주었다고 해도, 전투 경험이 많은 군대들이 그녀의 깃발 아래 배속되어 전술과 무기도 모르는 그녀를 순순히 따랐다고 믿는 것이 현실적일까?

이 '오를레앙의 처녀' 이야기가 정말로 잔 다르크의 전설을 담고 있다면, 그녀의 삶을 세세하게 전하는 최초의 전기가 17세기 들어서야 파리 소르본Sorbonne 대학의 신학 교수인 에드몬드 리처Edmond Richer에 의해 집필되었고, 그 원고도 1911년까지는 문서실에서 미간행 상태로 있었다는 것은 좀 이상하다. 리처 교수 이후에는 1753년에 니콜라 렝글레 뒤 프레스노이Nicolas Lenglet Du Fresnoy가 다시 그 주제를 다루었다. 다시 1세기가 흐른 뒤, 줄르 키세라Jules Quicherat의 열정적인 집필로 인해, 오늘날 가장 인정받는 오를레앙 처녀의 일생,

재판, 죽음에 관한 이야기가 5권의 결정판으로 나온다. 이 세 작품은 어떤 근거에 의존하고 있는 것일까? 첫 번째는 17세기에, 두 번째는 18세기에, 마지막은 19세기에 나왔다. 그리고 거기에는 15세기 초까지 연결되는 어떠한 관찰과 평가의 연결고리도 없다.

잔 다르크의 재판에 관한 전설에도 몇 가지 왜곡이 존재한다. 앞서 언급한 노트르담 기록에 따르면, 그 재판에는 장 르마이트르Jean LeMaître가 피고의 유일한 대리인으로 참석하여, 잉글랜드 측 파견단의 위협에도 불구하고 재판이 법과 달리 엉망으로 진행되는 것에 대해 계속 이의를 제기했다. 성처녀의 죄목은 (마법이 아니라) 신의 목소리를 들었다고 주장하는 것과 신명기 22장 5절에 위배되게 남성의 복장을 한 것이었다. 그녀가 갑옷 차림으로 군대를 이끌었다는 사실과 관련한 죄목도 있었다고 하는데, 14세기와 15세기에는 갑옷 차림의 여성이 군대를 이끄는 일이 오늘날 상상하는 것보다 훨씬 흔했기 때문에 이는 신빙성이 없어 보인다.

그 예로 몽포르의 잔Jeanne de Montfort(1374년 사망)은 갑옷 차림으로 헤네본Hennebont에서 방어군을 조직하여 300명의 기수를 이끌고 브레스트Brest로 출장한 바 있다. 1346년에는 잉글랜드 왕 에드워드 3세의 왕비 에노의 필리파Philippa of Hainault가 남편이 왕궁을 비운 사이 12,000명의 스코틀랜드 침략자를 상대로 군대를 이끈 적이 있다. 14세기에는 벨레빌의 잔Jeanne de Belleville ― 브리타니의 라이오네스Lioness of Brittany라고도 불리는 ― 이 영국 해협에 늘어서 있던 잉글랜드 군함을 격파한 뒤 프랑스 북부로 군대를 몰고 간 적도 있다. 1383년에는 다름 아닌 교황 보니파스Boniface가 갑옷 차림으로 십자군 전쟁에 나가 싸운 제노바 아가씨들을 열렬하게 칭송했다. 덴마크의 마가렛Margeret of Denmark, 팡티에브르의 잔Jeanne de Penthièvre, 바바리아의 자클린Jacqueline of Bavaria, 로렌의 이사벨라Isabella of Lorraine, 샤티옹의 잔Jeanne de Châtillon 등은 모두 당대에 갑옷을 입고 군대를 이끈 여성들이다. 심지어 잉글랜드 침략자들과 동맹하여 성처녀의 사형을 주장했던 반역자 브르고뉴인들조차 여성 포병대를 소집한 적이 있다. 프랑스는 갑옷을 입은 처녀 병사들로 북적였다. 교황이 이에 진저리라도 난 게 아니라면, 왜 루앙의 성직자들이 잔 다르크도 그랬다는 이유로 분개하겠는가?

재판 기록으로 추정되는 문서들에서는 피고인이 자기 의견을 명확하게 전달하는 매우 박식한 사람으로 그려지고 있어서, 더 많은 의혹이 제기된다. 그녀가 기소자들을 매우 유식하게 조롱하고 신학의 세밀한 핵심까지 너무 훌륭하게 지적한 나머지, 그녀에게 화형을 명한 이들마저 내키지 않지만 감탄할 정도였다고 한다. 재판이 이뤄진 것으로 추정되는 시기에 그녀는 문맹의 19살 소녀에 불과했는데, 그렇게까지 놀라운 지식을 겸비하고 있었다는 것은 개연성이 낮다. 설령 그런 재판과 형 집행이 실제로 일어났다고 해도, 전설이 전하는 것처럼 그녀가 자신의 뜻을 끝까지 지키다가 그런 비극적 결말을 맞은 것 같지는 않다. 그녀는 1431년 5월 24일 아침에 화형터로 인솔되었다가 자신의 끔찍한 종말을 직시하게 되자, 종신형을 받는 대가로 자신의 모든 주장을 철회하기로 한다. 자신이 들은 '목소리'가 신의 것이 아니었음을 인정하고, 앞으로는 남성의 복장을 하지 않기로 서약함으로써, 그녀의 철회 선언은 받아들여졌다. 하지만 5월 29일에 주교들이 불시에 감옥을 찾았을 때 다시 그녀가 남성의 복장을 입은 모습이 발각되었고, 이에 이단자로서 바로 다음날 화형에 처해지도록 선고받는다. 결국 그녀는 1431년 5월 30일에 루앙의 구 시장터에서 말뚝에 묶였고, 화형을 당한 것으로 추정된다.

논점을 더욱 흐리는 일은, 성처녀가 루앙에서 화형당한 게 아니라는 일각의 주장이다. 루앙의 기록 보관소에서 발견된 문서에는, 1439년 8월 1일에 당시의 관리들이 그녀에게 '오를레앙 전투의 복무'에 대한 대가로 210리브르를 지급하라고 지시했다는 대목이 나온다. 이 의혹의 문서들은 18세기 말에 프랑스 정치인 프랑수아 다니엘 폴루쉬François Daniel Polluche에 의해 처음 거론되었고, 이후 다음 세기에 벨기에의 골동품 수집가 조셉 옥타브 델피에르Joseph Octave Delepierre에 의해 신빙성이 부여되었다. 브루어의 어구 및 우화 사전 Brewer's Dictionary of Phrase and Fable의 E. 코브햄 브루어E. Cobham Brewer 박사가 남긴 1898년의 글에는 이렇게 나와 있다.

옥타브 델피에르는 『의혹의 역사Doute Historique』라는 소책자에서 잔 다르크가 마녀로 몰려 루앙에서 화형당했다는 이야기를 부인하고 있다. 그는 17세기에 비그니어Vignier 신부가 메츠Metz의 기록 보관소에서 발견한 문서를 통해, 잔 다르크가 아르모이즈의 시외르Sieur des Armoise와 결혼하여 그와 함께 메츠에서 거주하면서 한 가족의 어머니로 살았음을 입증했다. 그 뒤에 비그니어는 가족 문서 상자에서 기사였던 아르모이즈의 로베르Robert des Armoise와 처녀라는 별칭의 잔 다르키Jeanne D'Arcy(아르키의 잔) 사이의 혼인 계약서를 찾아냈다. 오를레앙의 메종 드 빌Maison de Ville 문서고에서는 잔 다르크가 1740년에 오빠 존John에게 보낸 심부름꾼들에게 1435년과 1436년에 걸쳐 몇 차례 돈을 지급한 기록들이 발견되었

다. 오를레앙의 의회 기록에는 오를레앙의 포위전(1439년으로 기록
됨)에 복무한 것에 대한 대가를 성처녀에게 지급한 기록이 남아 있
다. M. 델피에르는 동일한 사실을 뒷받침할 수 있는 여러 문서들
을 제시함으로써, 그녀의 순교는 잉글랜드인을 향한 증오심을 표
출하기 위해 조작된 이야기였다는 사실을 밝히고 있다.

잔 다르크가 1431년 이후까지 생존했다는 다른 출처의 기록들도
남아 있다. 오를레앙의 메종 드 빌에 보관된 고문서들과 『성 티보드
메츠의 사제장 일지The Chronicle of the Dean of St. Thibault-de-Metz』에는 루
앙 이후의 잔 다르크에 대해 언급돼 있다. 『오를레앙의 처녀에 관한
역사적 문제Problème Historique sur La Pucelle d' Orléans』(1749)에서 폴루쉬
Polluche가 전개한 주장들을 토대로 델피에르는 1855년의 9월 15일
자 『애서니엄Athenaeum』에 그가 발견한 내용을 처음으로 발표한다.
어떤 식으로든 잔 다르크의 이름과 국적에서부터 그녀의 공적, 재판,
죽음에 이르기까지 모든 세부적 사실에 커다란 의문점들이 존재하
기 때문에, 잔 다르크 이야기는 그 진위성에 대해 숱한 의혹을 받고
있다.

드라큘라 백작 부인
바토리 에르제베트[5]의 진실

○
●

바토리 에르제베트만큼 부당하게 비방 당한 여성은 역사상 없다
고 해도 틀린 말이 아니다. 오늘날 많은 사람이 드라큘라 백작 부인
으로 유명한 바토리가 자신의 빼어난 미모를 유지하기 위해 처녀들
의 피로 목욕을 하는 등 뱀파이어나 늑대인간 같은 존재였다는 사실
을 믿는다. 이 헝가리 여인은 1600년에서 1610년 사이에 자신의 성
주변 영지의 17개 마을에서 650명이 넘는 처녀들을 데려와 살해했
다고 전해진다. 하지만 17세기 초 헝가리 시골 인구를 감안했을 때,
이는 좀 거창한 수치로 보인다. 당시 17개 시골의 인구는 모두 합

---

5 헝가리식 표기는 '바토리 에르제베트Báthory Elizabeth'이고 영어식 표기는 '엘리자베스
바토리Elizabeth Báthory'이다.

해도 400명을 넘지 않았다. 현대 루마니아의 일부인 중세 왈라키아 Wallachia 공국의 군주이자 드라큘라 백작의 실제 인물인 블라드 드라 큘라Vlad Dracula도 오늘날 악명이 높지만 이런 이야기들은 그저 선정 적인 판타지일 뿐이다.

흥미롭게도 이 백작 부인이 유별난 목욕물을 조달하기 위해 처 녀 650명을 납치했다는 이야기는 그녀가 죽은 지 100년도 넘은 1729년에 처음 등장했다. 그 많은 처녀를 대상으로 식인 행위, 흡혈 귀적인 만행, 유사 성고문을 행했다는 주장도 같은 출처에서 나왔다. 17세기 초 헝가리 가정의 하인들은 불행했다. 무언가 조금만 어겨도 그에 대한 일반적인 처벌로 잔인한 구타를 당했다. 바토리도 그런 잔인성의 측면에서 다른 귀족들과 별반 다르지 않았다. 그러나 바토 리가 몰락한 궁극적인 요인은 그녀의 부였다. 결국 그녀는 자신의 재산을 노린 이들의 탐욕과 정치적 조작의 희생양이 되었다. 그렇다 면 누가 그녀를 제거하려 했고, 그 이유는 무엇이었을까?

바토리는 현대 헝가리 극서부인 니르바토르Nyírbátor에 있었던 부 유한 특권 계층의 집안에서 태어났고 10세가 되자 16세의 페렌츠 나다스디Ferenc Nádasdy 백작과 정혼했다. 이는 당시 그 지역에서 가장 유력했던 두 가문 간에 동맹을 형성하기 위한 정치적 결혼이었을 뿐 사랑이 없는 결합이었다. 몇 년 뒤 남편 페렌츠는 전쟁에만 정신이 팔리게 되고, 에르제베트는 자신의 공부에 몰두하게 된다. 1604년에 남편이 48세로 죽었을 당시, 바토리는 라틴어와 그리스어를 포함한 몇 개 국어에 능통할 뿐 아니라 당시 남성 중심적인 사회에서 '자기 분수 알기'를 거부하는 독립적인 여성으로 발전해 있었다. 이때는 헝가리 귀족의 거의 태반이 자기 이름도 쓸 줄 몰랐던 반면, 바토리는 거리낌 없이 사람들의 심기를 거스를 줄 아는 사람이었다. 그녀의 손에 바토리-나다스디 부부의 재산이 모두 들어가게 되자, 탐욕의 눈빛이 그녀에게 쏠렸고 여기저기에 온갖 소문이 난무했다. 바토리의 고위 집사나 고문이 모두 여성들이다 보니, 이내 그녀의 궁정이 얄팍하게 위장한 마녀들의 집합소라는 악의적인 소문이 퍼졌다. 바토리에게 자기 분수를 알게 할 어떤 조치가 내려져야 했다.

그녀에 대한 음모를 주동한 인물은 헝가리의 국왕 마티아스 2세

Matthias II와 바토리의 사촌이기도 했던 재상 기요르기 투르조György Thurzó였다. 바토리는 마티아스 왕이 바토리의 영지에 진 막대한 빚으로 인해 파산하자 그를 도의적, 재정적으로 계속 괴롭혔는데, 이는 결과적으로 현명하지 못한 처사였다. 투르조 역시 그녀에게 진 빚이 있었는데 이를 갚고 싶은 마음이 없었다. 마티아스 왕은 자기의 이익만 생각하면서 바토리에게 결혼을 제안해 채무를 없애려고 시도했지만, 바토리는 그의 면전에서 웃음을 터뜨릴 뿐이었다. 왕은 투르조에게 바토리가 헝가리와 폴란드 일대에 강력한 동맹 세력을 많이 두고 있으니 신중을 기하면서 그녀를 잡아들이라고 명령을 내린다. 폴란드에서 그녀의 삼촌[6]이 왕으로 재임한 적이 있었기 때문이다. 마티아스 왕의 작전이 펼쳐졌고, 투르조는 1609년 혹은 1610년 [7] 12월 29일에 바토리를 사실상 현행범으로 체포한다. 투르조는 바토리가 체포 당시 한 가난한 처녀를 고문 중이었으며, 그 옆에는 또 다른 희생자가 죽어 있었다고 발표한다. 하지만 영장은 아무런 혐의도 적혀 있지 않은 상태로 체포 이후에 발부되었고, 그곳에서 살아나온 처녀를 만났거나 거기 있었다던 시체를 본 사람도 아무도 없었다. 따라서 이 모든 이야기가 극적 효과를 노린 투르조에 의해 날조된 것으로 보인다.

~~~~

6 1533년 9월 27일부터 1586년 12월 12일까지 재임한 바토리 이슈트반Báthory István.

7 출처마다 연도가 다르다.

투르조는 바토리를 저택에 연금한 채, 그녀가 신임하던 최측근 인물 4명 — 일로나 조Ilona-Jó, 도라Dóra, 카타Kata, 자노스 피코János Ficzkó — 을 끌어낸 뒤, 고문하여 자신의 주장에 동조하게 만들었다. 그들은 신체 부위가 훼손되고 불구덩이에 던져질 운명에 처해지자, 바토리가 성 안에서 흑마술에 심취했던 마녀였으며, 정기적으로 사탄의 제단에 처녀들을 올려 고문하고 살해했다는 혐의에 동의했다. 투르조는 1611년 1월 2일에 자신의 가까운 친구를 재판관으로 지정하고 친구들과 가족들을 배심원으로 배치한 상태에서 재판을 실시했다. 하지만 그는 일을 너무 호되게 꾸민 나머지 이 끔찍한 재판을 중지하라는 요구를 받게 된다.

이후 1월 7일, 두 번째 재판이 시작되기 전에 투르조는 바토리가 자신의 악마 같고 살인적인 모든 행적을 기록해 놓은 끔찍한 일기라며 뭔가를 기적적으로 찾아냈다. 하지만 그 기록의 필적은 다른 문서에 나와 있는 그녀의 필적과 전혀 유사한 점이 없었다. 투르조는 자신의 '증거물'에 대해 거북한 질문들이 제기될까봐 재판을 라틴어로 진행하게 했다. 법정에 선 증인들도 결박되고 재갈이 물린 상태에서 질문에 대해 고개를 위아래로 끄덕이거나 좌우로 저을 수 밖에 없었다. 말하기가 허용된 증인들은 오직 소문에 맞는 '증거'만 전달할 수 있었다. 밝혀진 전후 정황에 의해 거짓말이 뻔히 들여다보이는데도 거짓 증거들이 채택되었고, 유죄 평결에 저해되는 것들은 모두 기각되었다. 바토리에게 희생되었다고 추정되는 희생자들의 어

끔찍한 전설이 남긴 것

바토리 에르제베트가 저질렀다는 범죄들이 그녀의 돈을 노리는 남자들이 지어낸 것이라는 사실과는 상관없이, 끔찍한 전설 속의 그녀는 책, 연극, 영화, 심지어 장난감과 비디오 게임에 이르기까지 여러 분야에 모티브를 제공해 왔다.

그림 형제The Brothers Grimm는 바토리를 악마 같은 요괴로 그린 잔혹 동화를 썼고, 셰리단 르 파뉴Sheridan Le Fanu는 바토리에서 영감을 받아 최초의 레즈비언 뱀파이어 소설 『카밀라Carmilla』(1871)를 썼다. 이는 다시 브램 스토커Bram Stoker의 《드라큘라Dracula》에 영감을 줬으며, 레오폴드 폰 자흐 마조흐Leopold von Sacher-Masoch ― 마조히즘이라는 용어를 탄생시킨 남자 ― 도 바토리에서 영감을 받아 그의 유명한 소설 『영원한 젊음Eternal Youth』(1874)을 썼다.

바토리의 끔찍한 전설에서 모티브를 얻거나 그것을 소재로 다루고 있는 작품을 통틀어 말하면, 현재까지 58편의 소설, 4편의 시, 12편의 희곡과 더불어 수많은 TV 프로그램뿐 아니라 47편의 장편 영화, 18편의 오페라와 뮤지컬, 34편의 헤비메탈 곡을 꼽을 수 있다. 가장 최근작으로는 레이디 가가Lady Gaga가 바토리를 모델로 한 백작 부인 역을 맡은 《아메리칸 호러 스토리: 호텔American Horror Story: Hotel》(2015)이 있다. 좀 의아하지만, '리빙 데드 돌Living Dead Dolls[미국의 메즈코Mezco에서 발매하는 호러 컨셉의 인형]' 시리즈의 바토리 인형은 드라큘라나 잭 더 리퍼Jack the Ripper보다 훨씬 많이 팔리는 베스트셀러이다.

떤 가족들도 소환되지 않았으며, 소송을 기록하던 서기관들은 새벽까지 깨어서 문서에 골치 아픈 불일치나 모순된 내용이 없도록 내용을 갈고 다듬었다. 훌륭한 분별력이 있던 바토리조차 변론을 하거나 제스처 게임에 끼어들지 않을 정도로 투르조의 쇼는 웃기는 코미디였다.

당연히 투르조와 마티아스 왕은 교활한 수단을 통해 재판을 멋대로 진행했고, 결국 바토리는 모든 혐의에 대해 유죄 판결을 받았다. 투르조의 아내는 바토리의 성을 뻔질나게 들락거리며 마음에 들거나 값어치 나가는 것을 모조리 뒤져서 가져갔다. 마티아스 왕과 투르조의 채무도 무효로 판정받았고, 바토리의 토지와 재산 대부분도 핵심 관련자들에게 분할되었다. 4명의 핵심 증인도 곧장 사형에 처해지면서, 상황은 말끔하게 정리되었다. 투르조는 자신이 너무 심한 처사를 했음을 알고 있었기에, 전설처럼 바토리를 어떤 방의 벽에 매달아 놓고 굶어죽게 하지는 않았다. 그는 입을 열어 소동을 일으키지 않는다는 조건하에 바토리를 카르파티아산맥Carpathian Mountains의 차흐티체Čachtice성에 살게 해 주었다. 그곳에서 그녀는 1614년 54세의 나이로 자연사할 때까지 살았다.

투르조가 아무리 기상천외한 혐의를 바토리에게 뒤집어씌웠어도, 피로 목욕을 하는 습관이나 피를 마시는 흡혈 의식에 대한 이야기는 당시에 전혀 등장하지 않았다. 투르조조차 그런 상상력을 발휘하지는 않았다. 이는 라즐로 투로츠지László Turóczi라는 매우 편파적인 예수회 수도사가 그의 책 『헝가리와 그 왕들에 대한 간략한 소개Ungaria Suis, Regibus Compendio Data』에서 다채로운 상상력을 발휘한 것이다. 투로츠지는 자신의 책을 흥미진진하게 만들 요량으로 핏물 목욕이나 사탄 의식에 관한 이야기를 지어내어 집어넣었다. "그럴 듯한 거짓말은 진실이 신발을 신기도 전에 세계 반바퀴를 돈다"라는 속담에 증거가 필요하다면 바토리의 경우가 제격일 것이다.

의사가 되기 위해 남자로 살았던 제임스 배리

○
●

여교황 설은 정말 터무니없지만—'교황의 보위에 오른 여교황 요안나'(p.47) 참조— 실제로 역사상 많은 여성들이 상당한 인내심을 가지고 기가 막히게 남자 행세를 해 왔다. 이런 예로 19세기에 영국군 군의관이라는 높은 직위까지 올랐던 제임스 배리보다 더 대단한 여성은 없을 것이다.

의사 제임스 배리로 살았던 이 여성의 이름, 생년월일, 출생에 대해 오늘날까지도 여러 의견이 분분하다. 그녀는 1789년이나 1792년에 코크Cork에서 출생했으며 그 후에는 유력한 아일랜드 화가였던 제임스 배리James Barry가 관장하는 런던의 한 화가 공동체 안에서 성장한 것으로 보인다. 그 집단에는 화가 제임스 배리의 여동생인 메리 앤 벌크리Mary Ann Bulkley도 끼어 있었는데, 어린 배리는 그녀를 숙모라고 불렸지만 어떤 이들은 그녀가 사실 배리의 엄마였을 것으로 의심한다. 망명 중이던 베네수엘라 혁명가 프란시스코 데 미란다Francisco de Miranda 와 스코틀랜드 버컨Buchan 가문의 11번째 백작인 데이비드 스튜어트 어스킨David Steuart Erskine 도 이 모임에 껴 있었다. 그들의 주변 인물 중에는 래글란 경Lord Raglan으로 더 유명한 피츠로이 서머셋Fitzroy Somerset(1788-1855)과 나중에 남아프리카 공화국 케이프 식민지Cape Colony의 주지사가 된 그의 형 찰스 서머셋 경Lord Charles Somerset(1767-1831)처럼 안정적 기반을 가진 유력한 인물도 있었다. 간단히 말해, 당시 마가레트Magaret 라 불리던 이 여성은 차후의 인생까지 그녀를 잘 이끌어줄 좋은 인맥 속에서 성장하고 있었다.

어느 시점엔가 그녀는 마가레트라는 이름을 버리고 미란다Miranda 장교의 이름을 쓰기로 결정한다. 미란다 장교는 어스킨과 함께 여성의 교육 받을 권리를 유별날 정도로 열렬히 찬동하는 인물이었다. 배리가 자신이 원하는 대로 의사가 되어 성공을 거두기 위해서는 남자 행세를 해야함을 알고 있었기 때문에 미란다는 배리에게 자신의 이름을 쓰라고 강력하게 조언했다. 당시에는 이런 묘책이라도 써야 했다. 여성들이 공식적으로 의학 공부를 할 수 있게 된 것은 그로부터 50년이나 지난 후였다. 영국 최초로 여성임을 공개하고 의사가 된 이는 1865년에 의사 자격을 얻은 엘리자베스 개럿Elizabeth Garrett 이었다. 장난으로 시작된 '게임'이었든 어스킨의 엉뚱한 사회학적 실

험이었든, 이로 인해 미란다는 정해진 인생길을 가게 된다. 미란다
는 화가 제임스 배리가 마지막에 앓았던 치명적인 병을 치료했던 의
사 에드워드 프라이어Edward Fryer로부터 벼락치기 과외를 받으며 놀
라운 속도로 의학 지식을 습득했고, 그 결과 1809년 11월에 제임스
미란다 스튜어트 배리James Miranda Steuart Barry라는 이름으로 에딘버러
의과 대학Medical School of Edinburgh에 입학했다. 그는 키가 작고, 허약
하고, 외모까지 예쁘장하게 생겨서 일부 교수들로부터 잘못된 의혹
을 받기도 했다. 배리가 남자치고는 너무 계집애같이 생긴 탓에 일
부 교수들은 1812년에 있을 최종 시험을 치르기엔 배리가 너무 어
리다고 생각했다. 하지만 어스킨은 배리가 성년이라는 사실을 확실
하게 알고 있다는 주장으로 교수진의 기세를 눌러버렸다. 배리는 그
주장을 뒷받침하기 위해 대퇴 탈장femoral hernias에 관한 논문을 모두
라틴어로 써서 최종 시험을 수석으로 통과했고, 이 논문을 어스킨에
게 헌사했다.

그녀는 가이즈 앤 세인트 토머스 병원Guy's and St Thomas'에서 교육
을 좀 더 받기 위해 불과 10대 후반 혹은 20대 초반의 나이에 런던
으로 향했다가, 1813년에 왕립 외과 대학Royal College of Surgeons에 입
학했다. 그녀는 이곳에서 대단한 능력을 인정받기는 했지만 인기는
별로 없었다. 무심한 듯 냉담한 성격에 입도 거칠고 솔직해서 남들
의 실수나 무능력을 ─ 지위 고하를 막론하고 ─ 스스럼없이 비판
하곤 했기 때문이다. 하지만 배리가 영국 정계와 런던 전역에 영향

력을 휘두르는 인물인 것이 분명했기에, 그녀가 화를 내도 사람들은 그 모욕을 견뎌낼 수밖에 없었다. 1816년에 배리는 군의관 중위로 진급하여, 남아프리카 공화국 케이프타운의 테이블 베이 군 병원 Table Bay Military Hospital에 임시로 파견된다. 그녀는 도착하자마자 의례적인 인사도 없이 상관인 군의관 맥냅McNab 소령에게 자신은 자신에게 배정된 빈약한 숙소에 머무를 필요가 없으니, 서머셋 주지사의 관저에 머무르겠다고 통보한다.

이후 10년간 배리와 서머셋 주지사는 가깝게 생활했고, 너무 친밀하게 지내다 보니 케이프타운에서는 이 두 사람이 동성애 관계일 거라는 추측성 소문이 무성했다. 서머셋이 배리를 그 지역 모든 의료 시설의 감사관 자리에 임명하자, 그 소문은 날개를 달고 더욱 돌아다녔다. 아마 그 둘의 관계는 육체적으로까지 발전했던 것으로 보인다. 배리가 사망했을 때 그녀의 몸에서 임신선들이 발견되었고, 그녀가 1819년에 갑자기 케이프타운에서 영국으로 떠나 몇 개월 동안 종적을 감춘 적도 있기 때문이다. 이 두 가지는 그녀의 임신 사실을 암시한다. 배리는 1829년에 병석에 누운 찰스 서머셋 경을 간호하기 위해 군대를 무단이탈하여 영국으로 돌아가기도 했다. 서머셋은 1826년에 건강 악화로 주지사직을 그만둔 상태였다. 그녀가 복무를 이탈한 게 이런 때만은 아니어서, 그때마다 그녀의 상관은 법정에 서야 했다. 그러나 배리는 한 번도 자신의 직책을 그만두는 문제에 대해 고려하진 않았다.

플로렌스 나이팅게일Florence Nightingale과의 충돌

군의관 배리는 크림 전쟁이 한창이던 1854년에 엄격한 위생 체제를 도입했고, 이로 인해 그녀가 관장하는 시설에서 치료를 받던 환자들은 전쟁 중 가장 높은 생존율을 보였다. 그런데 병원의 운영 방식에 대한 그녀의 진보적인 생각은 플로렌스 나이팅게일과 여러 차례 적대적인 충돌을 빚었다. 나이팅게일은 모든 질병과 감염이 불결한 공기에 의해 발생한다는 미아즈마Miasma 이론의 신봉자였다. 나중에 그녀는 질병이 세균에 의해 감염된다는 루이 파스퇴르Louis Pasteur의 주장을 비아냥거리기까지 했다. 배리와 나이팅게일은 크림 반도에서 가장 사망률이 높은 병동들에서 복무했는데, 나이팅게일은 '그'를 '내가 만난 가장 야만적인 사람'으로 묘사하며 종종 배리와 심하게 대립했다.

군대 생활을 할 때는 고압적인 태도를 보였던 것과 다르게, 남아프리카 공화국에서의 그녀의 복무는 모범적이었다. 그녀는 시대를 앞서 엄격한 위생 체제를 모든 군 병원에 도입했고, 그뿐 아니라 모든 병사 가족을 위한 의료 제도도 도입했다. 1826년 7월 25일에는 식탁에서 갑작스럽게 지역 상인 토머스 먼닉Thomas Munnik의 아내 빌헬미나 먼닉Wilhelmina Munnik의 수술을 하게 되었는데, 이는 유럽 최초의 성공적인 제왕 절개 수술로 기록된다. 산모와 아기가 모두 살아 남은 최초의 시술 사례였다. 그들 부부는 자신들이 입은 은혜를 표현하기 위해, 아기 이름을 제임스 배리 먼닉James Barry Munnik이라고 지었다. 이 사내 아이의 자손인 제임스 배리 먼닉 허트조그James Barry Munnik Hertzog는 이후 1924년에서 1939년까지 남아프리카 총리를 역임하게 된다.

한편 배리의 개인적 삶과 관련한 하나의 아이러니는 그녀가 항상 여성들에게 인기가 많았다는 점이었다. 여성들은 '그'와 대화하는 것을 편하게 여겼다. 당연하지 않았을까? 배리는 대단한 바람둥이로 인식되어서, 한번은 주지사의 보좌관이던 조시아스 클로에트Josias Cloete 대위의 여자 친구와 너무 친하다는 이유로, 그 대위와 권총 결투를 벌이기도 했다. 결국엔 둘 다 결투에서 살아 남아 절친한 친구가 되었다.

배리는 캐나다에서 의무 복무를 짧게 마치고 준장급에 해당하는 군 병원 감찰관으로 진급한 후, 런던으로 송환되어 1865년 7월 25일에 사망했다. 그녀는 자신이 죽으면 옷을 입힌 채 바로 매장하라는 분명한 지시를 남기고 세상을 떠났지만, 가정부 소피아 비숍Sophia Bishop은 이를 무시하고 그녀를 제대로 입관하고자 했다. 군의관 D. R. 맥키논D. R. McKinnon 소령이 도착하여 가정부를 방 밖으로 내보낸 뒤 배리가 이질dysentery로 인한 남성 사망자라는 사망 증명서를 발급하려고 했을 때, 그 가정부는 이미 배리의 모습을 충분히 확인한 후였다. 맥키논 팀은 마치 빅토리아 시대의 특수부처럼 기민하게 사태를 처리했다. 그는 남들의 눈을 피해 배리의 메릴르본Marylebone 집으로 마차를 타고 가서, 모든 종잇조각과 개인 물품을 깡그리 없앴다. 배리의 하인이던 자메이카인 존John은 어떤 상황에서도 그가 듣거나 보았던 모든 것을 잊기로 주의를 받은 뒤, 돈 봉투와 편도 항공권을 손에 쥔 채 한 마차에 태워져 곧장 부두로 보내졌다. 그가 검은 옷을 입은 3명의 건달들에게 사실상 붙잡힌 것이나 다름없는 상태로 배를 타고 떠난 뒤, 그의 소식은 다시는 들리지 않았다.

며칠 후, 소피아 비숍은 맥키넌을 찾아가 자신의 침묵에 대한 대가를 요구했다. 하지만 오히려 그에게 내쫓기자, 곧장 여러 신문사들에게 배리의 이야기를 털어놓는다. 이 무렵 배리는 벌써 런던의 켄잘 그린 공원 묘지Kensal Green Cemetery에 군대 명예장으로 장례된 상태였고, 그녀의 모든 기록도 육군 본부에서 비밀스럽게 사라진 상태였다. 그 훌륭했던 군의관 배리가 존재한 적이 없는 것처럼 보일 정도였다. '그녀가 어떤 부정한 왕실 연애의 산물이었을까?'와 같은 상상처럼 제임스 미란다 스튜어트 배리의 진짜 정체에 관해 많은 선정적인 억측이 존재해왔다. 확실한 건 매우 유력한 인물들이 그녀를 주변에서 지켜주고 있었다는 사실이다.

19세기 영국에서 태어난 '닌자'의 실체

○
●

일본 문화에 대해 우리가 안다고 여기는 것 중 사실은 매우 빗나간 게 많다. 예를 들어, '스시すし'란 생선회가 아니라 실제로는 얇게 썬 날생선(때로는 육류) 같은 게 올라간 초밥을 베이스로 한 요리이다. '사케酒'는 곡주가 아니라 양조한 술로 강한 맥주와 좀 더 비슷하다. '닌자忍者' 역시 유럽인들이 그 용어를 만들어낼 때까지 일본에서는 쓰이지 않던 말이다.

'Japan'도 실은 중국에서 기원한 지명이었지만, 여행업을 부흥시키고 싶었던 일본 상업 분야에서 일부러 채택하여 사용해왔다. 옛날부터 일본 원주민들은 자기 나라를 니폰Nippon 이나 니혼Nihon 으로 불렀다. 둘 다 '태양이 떠오르는 곳'을 나타내는 동일한 상형문자(日本)의 음독이다. 둘 중에서 일본의 기성 세대는 니폰을, 젊은 세대는 니혼을 선호한다. '재팬'을 빵의 일종으로 여길 수도 있다.[8] 고대에 훨씬 대국이었던 중국은 일본을 작고 순종적이라는 의미에서 '왜倭'라고 칭했다. 그런데 이 업신여기는 듯한 용어가 야기하는 외교적 문제로 인해, 중국은 왜를 버리고 일출을 뜻하는 중국어 '지푼Jihpun'을 선호하게 된다. 이 용어에는 '해가 떠오르는 땅'이라는 시적인 의미가 가미돼 있다. 당시 중국과 교역하던 서양인들은 — 일본은 문호개방이 안 된 상태였다 — 일본에 대해 왜나 지푼이라는 명칭을 사용했다.

세계 2차 대전 후 엄청난 서양 문화의 쓰나미가 일본에 몰아닥치자, 서양식 식단으로 인해 일본인의 단백질 섭취량이 늘었고, 그 결과 평균 신장도 증가했다. 이 때문에 기차 좌석에서 주방 조리대에 이르기까지 모든 것이 개조되어야 했다. 일본 교육부에 따르면, 11세 아동의 평균 신장이 50년 전에 비해 무려 15cm가 커졌다고 한다. 그러나 콜라, 햄버거, 감자튀김의 침입에도 불구하고 아직까지 서양인들은 일본의 많은 역사적 측면들을 오해하고 있다.

서양 영화 관객들은 공중으로 4m도 넘게 뛰어오르다가 아래로 쭉 내려와서 맨손과 부러진 젓가락만으로 수십 명의 적들을 죽이는 닌자 영화를 물려하지 않고 좋아한다. 따라서 소위 전형적인 닌자가

---

8 '재팬'의 'pan'은 스페인어로 '빵'이라는 뜻이다. ─편집자 주

보통 중년의 여성이었고, 더구나 그들이 대부분의 시간을 가사일로 보냈다는 사실을 알면 많은 이가 놀랄 것이다. 그렇다면 우리는 어떻게 닌자가 검정색 도복을 입고 살금살금 다니는 치명적인 암살자라는 개념을 갖게 되었을까?

'닌자'라는 용어는 이안 플레밍Ian Fleming이 그의 소설 『두 번 사는 인생You Only Live Twice』(1964)에 사용하면서 영어 인쇄물에 처음 등장했다. 이후에는 거의 사용하지 않아서, 20권짜리 『옥스퍼드 영어 사전 2판Oxford English Dictionary : Second Edition』(1989)에도 나와 있지 않다. '닌자'라는 말은 19세기 서구 영어 사용자층이 만들어낸 것인데, '시노비 노 모노忍びの者'(잠입자)라는 일본어 훈독이 너무 길어서, 이것을 음독하여 '닌忍(잠입의)'과 '자者(사람)'로 발음한 것이다. 8세기 초에 일본에 처음 등장한 '시노비忍び'는, 주인집에 드나드는 손님들의 신상이나 그들의 대화에서 엿들은 정보를 팔 의향이 있는 하인들 — 요리사, 정원사, 가정부, 첩 등 — 을 일컫는 말이었다. 이 시노비들은 '손에 피 묻히는 일'은 하려 들지도 않을뿐더러 그런 일을 시킬 만큼 미덥지도 않았다. 이 때문에 마무리 살인 작업에서는 사무라이 건달들이 투입되었다. 일본에도 살인청부업자들이 존재했지만, 자객이나 좀 더 완곡한 표현으로 '어둠 속의 잠입자'로 불렸지, '시노비'나 '닌자'는 아니었다.

검은 옷의 자객 개념은 전통극 가부키歌舞伎 무대에서 장면이 전환되는 동안 무대에 계속 남아 있던 배우들을 통해 생겨났다. 그때도 지금처럼 극에 필요한 무대 효과를 위해 무대 담당자들이 무대 위를 걸어 다녔는데, 그들은 자신들이 이야기의 일부가 아님을 관객에게 알리기 위해 검정색 복장을 하고 다녔다. 더 나아가, 이야기 전개상 자객이 다른 출연자들의 눈에 띄지 않은 채로 어떤 장면에 들어가야 할 경우, 그가 눈에 '보이지 않는다'는 의미를 관객에게 알리기 위해 검정 옷을 입었다. 뜻하지 않게, 이로 인해 가부키를 보던 서양인 관객들이 일본의 살인청부업자들은 검은 옷을 입고 잠행한다는 개념을 갖게 되었다.

그럼에도 불구하고, 닌자 신화를 좋아하는 서양의 취향은 현재의 닌자 무술 영화를 낳았고, 이로 인해 지구상에서 일본인들이 가장 해부학적으로 우수하다고 믿는 관객들도 생겨났다. 하지만 어떤 일본인도 건물의 측면 위를 뛰어다니거나 물 위를 걷지는 못한다. 일부 무술에서 나오는 벽돌 격파나 박치기에도 많은 주의가 필요하다. 닌자는 그런 이름으로 존재한 적이 없는 것이 분명하기 때문에, 인터넷 광고에 나오는 닌자 무기의 '진짜 모조품들genuine replicas'은 마치 영국 기사들이 살인을 위해 휘둘렀다는 사슬 철퇴처럼 그저 현대의 발명품일 뿐이다. '표창'도 자객이나 건달들에 의해 사용되었다는 수많은 역사적 문헌이 실제로 존재하긴 하지만, 이 무기의 성능은 날카로운 꼬챙이나 양날검 정도뿐이었던 듯하다. 영화에서는 그렇다 쳐도, 유럽인이든 일본인이든 실제로 악인의 가슴에 꽂힐 만큼 세게 칼을 던질 수 있는 이는 아마 없을 것이다. 말하자면, 표창은 추

적자가 그 추적을 중단하고자 할 때만 던지는 것이다. 둘 중 어떤 쪽
이든 '죽음의 별'인 표창도 현대의 발명품인 듯하다. 사실 일본의 초
기 암살자들은 전혀 전통적이지 않았다. 그들은 총이나 폭탄을 이용
할 수 있게 되자마자, 이것들을 바로 주요 무기로 선택했다. 그들에
게는 청부 계약을 완수하는 게 가장 중요했기 때문에, 1500년대 중
반부터는 총이나 폭탄이 전통 무기보다 선호되었다.

　물론, 사무라이는 다른 얘기다. 그들의 존재는 확실하다. 하지만
오늘날 무협극에서 묘사되는 것처럼 신의를 중요하는 자들은 아니
었다. 옛 영국의 기사단이 주석 갑옷을 입은 한량들이었던 것처럼
사무라이도 대가를 주는 이에게만 명예로운 일을 하는 정예 무사였
다. 사무라이는 당연히 보수를 받는 대로 움직였기 때문에, 중요도가
낮은 일에 기사도 정신을 허비하거나 예의상 나서지 않았다. 그들이
받는 돈의 많은 부분이 매우 부정직하고, 불명예스러우며, 위험했다.
'부시도武士道'라고 불리는 사무라이의 실천 강령, 즉 무사의 도에
대한 모든 상상의 개념들은 대개 일본 작가이자 외교관인 니토베 이
나조Nitobe Inazo의 『부시도 : 일본의 정신The Bushido : The Soul of Japan』
(1899)에서 지어낸 것들이다. '부시도'라는 용어는 20세기 이전 일본
문학에서 몇 번 등장하고, 그보다는 모노노후武士[9], 쯔와모노兵[10], 사

9　무사를 의미하는 일본의 고어.
10　병사라는 뜻.

부라후候ふ[11] 같은 용어들이 더욱 자주 등장했다. 사무라이는 명예가 더럽혀지면 서양인들이 하라키리腹切り라고 잘못 부르는 자살 의식인 세푸쿠切腹를 실시한다고 하는데, 이는 세인들이 상상하는 것만큼 그리 섬뜩하지 않다. 대개 사무라이가 칼을 집어 들어 자살의 뜻을 밝히면, 이것을 신호로 삼아 희생자의 '가장 친한 친구'가 친구의 머리를 베어주었다.

 얼마나 자주 언급되든지 간에, 가라테空手가 포악한 사무라이의 대나무 갑옷을 뚫을 수 있도록 일본 봉건 시대에 개발되었다는 설도 사실이 아니다. 당시에는 사무라이의 갑옷도 보강된 가죽과 금속판을 소재로 만들어졌고, 가라테도 일본 초기에 개발된 무술이 아니기 때문이다. 이 무술은 당나라(618-907) 소림사 승려들이 고대 독립국 류큐 왕국의 섬 오키나와를 방문했을 때 소개되어 수 세기 동안 '중국 공수도'로 알려져 왔다. 일본 교육부가 1922년에 오키나와의 무예 고수 후나코시를 초빙하여 무예 시범을 보이게 하자, 일본은 이 중국의 맨손 무술에 열광하게 된다. 그러나 일본과 중국은 역사적으로 적대 관계가 지속되어 왔기에, 일본인들은 이 새로운 취미의 명칭을 중국과 연관이 없어 보이게 하려고 '맨손'이라는 뜻의 가라테로 바꾸기로 했다.

---

11 '섬기다'는 뜻의 동사로, 여기에서 명사 '사무라이'가 나왔다.

나이팅게일[12] 똥 마사지

전통적으로 게이샤의 하얀 분칠은 납 성분의 화장품으로 연출되곤 했지만, 이런 화장품이 피부에 매우 유해했기 때문에 쌀가루를 이용한 재료로 대체되었다. 두 가지 화장법 모두 치아가 하얀 얼굴에 비해 비위생적으로 누렇게 보이도록 만들기 때문에 게이샤들은 치아를 까맣게 칠하곤 했다.

하얀 분칠을 지울 때는 나이팅게일의 똥을 이용했다. 2005년에 스티븐 스필버그Steven Spielberg는 아서 골든Arthur Golden의 1997년작 소설 『게이샤의 추억Memoirs of a Geisha』을 영화화했는데, 여기에서는 나이팅게일 똥의 깨끗함과 그 이용법을 이야기 흐름상 중요하게 다루고 있어서, 새똥이 고대 미인들의 화장법이라는 잘못된 인상을 일부 관객에게 심어주었다. 그때부터 부유한 유명인들은 나이팅게일 '똥' 마사지가 포함된 '게이샤 화장법'의 1회 이용에 $250을 기꺼이 지불해왔다. 그들에게 비둘기 똥으로 무료 마사지를 받아보는 건 어떻겠냐고 말해주고 싶다.

서양인들의 머릿속에 닌자나 사무라이에 대한 이미지가 자리 잡고 있는 것처럼, 게이샤芸者라는 말에서는 하얀 얼굴에 매우 세련된

---

12 참새목 딱새과의 소형 조류. −편집자 주

의상을 차려입은 고수입 성 노예가 연상된다. 이러한 인식 또한 매우 잘못되었다. 일본에서는 이러한 시각을 무지의 소치이자 모욕적인 것으로 여긴다. 더구나 게이샤는 원래 모두 남성들이었으며, 실제로 아직도 남성 게이샤들이 소수나마 존재하고 있다.

13세기 초로 거슬러 올라가면, 진짜 게이샤는 성매매에 결코 관련된 적이 없었다. 게이샤라는 명칭은 숙련된 예능인으로 해석되며, 그 수준에 오르려면 5년 정도 무보수로 예능을 연마해야 한다. 18세기까지 게이샤들은 개인적으로 고용되는 남자 예능인들이었는데, 이들은 음악, 시, 음담패설 같은 형태로 찻집에 모이는 소집단에게 유흥을 제공했다. 큰 규모의 행사가 있을 때는 이따금 단체로 고용되어서, 공연을 시작하기 전에 분위기를 띄우며 손님들이 중요한 존재로 환대받고 있다고 느끼게 만들어 행사를 원활하게 이끌었다. 남자든 여자든 게이샤에게 돈을 주고 잠자리를 해달라는 뜻을 비치는 것은, 서양의 사적인 상류층 행사에 가수로 기용된 오페라 디바에게 똑같은 서비스의 제공을 기대하는 것이나 마찬가지다.

게이샤 집단에 들어간 것으로 기록돼 있는 최초의 여성은 도쿄 후카가와Fukagawa 지역의 예능인 키쿠야Kikuya 였다. 1750년 무렵에 이미 원숙한 가수이자 음악가였던 그녀가 게이샤 교육을 신속하게 마치고 큰 인기를 얻게 되자, 그녀의 뒤를 따르는 여성이 많아졌다. 1770년만 해도 도쿄의 남성 게이샤 수는 여성 게이샤의 2배로 여전히 우세했다. 그러나 1775년에 그 비율은 비등하게 바뀌었고,

1800년에는 남성 게이샤의 수가 더욱 열세해졌다. 수치가 전복되는 추세는 일본 전역에서 활동하게 된 여성 게이샤 수가 75,000명으로 확대된 1920년대까지 지속되었다. 그 무렵, 남성 게이샤의 수는 전국적으로 100명 미만이었다. 오늘날의 상황은 매우 달라졌다. 관광객들이 볼 수 있는 유일한 '게이샤'는 어설픈 흉내에 불과하다. 그들은 기모노에 하얀 얼굴을 한 엉성한 모조품의 모습으로 휴가지 사진을 위해 포즈를 잡아준다. 게이샤의 진짜 모습은 온데간데없다. 게이샤 하우스를 방문하는 유일한 방법은 초대를 통해서이다. 게이샤 5년 수련에 소요되는 비용이 현재 가치로 최소 35만 파운드(한화 5억 5천만 원 가량) 정도 되기 때문에, 공식 찻집에서 사생활을 보장 받으며 게이샤에게 노래를 몇 곡 청해 들으려면 1,500파운드(한화 240만 원 가량) 정도의 관람료를 지불해야 할 것이다.

교황의 보위[13]에 오른 여교황 요안나

○
●

바티칸Vatican에게는 유감이지만, 9세기에 여성 교황 요안나Joan가 재임했다는 내용의 책과 영화가 여전히 나오고 있어서 그녀가 존재했다는 믿음 또한 사그라들지 않고 있다. 다양한 설들이 존재하지만, 대표적인 버전은 다음과 같다. 교황 레오 4세Pope Leo IV가 사망한 (857년 7월 17일) 후, 영국인 존 앵글리쿠스John Anglicus로 가장한 여인이 바티칸 추기경들의 눈을 속여 교황에 선출된 뒤 그때부터 약 2년 반 동안 통치하다가, 극적인 방식으로 진짜 성별이 천하에 드러나게

---

13 원래는 '어부의 보위Fisherman's Throne'라고 표현돼 있으며, 여기서 어부는 초대 교황이라 일컬어지는 어부 베드로Peter를 뜻한다. 베드로 성당 안에는 교황의 보위를 상징하는 '베드로의 의자Chair of Peter'가 있으며, 이 의자는 실제로 베드로가 앉았던 목재 의자로 교황 알렉산데르 7세가 청동과 장식을 입혔다고 한다.

되었다는 것이다. 그녀에 대한 모든 역사 기록이 아닌 교황청의 기록만 검사해 봐도 대부분의 의혹이 순식간에 불식되는데, 누가, 왜 처음 그 이야기를 퍼뜨렸을까?

이 스캔들에 대한 첫 번째 기록은 쾰른Cologne의 성 마틴 성당 Abbey of St Martin에서 발견된 11세기 마리아누스 스코투스Marianus Scotus의 글이다. 여기에 나오는 주장에 따르면, "AD 854년에 한 여성이 교황 레오 4세의 뒤를 이어 2년 5개월 4일 동안 재임했다"라고 한다 (여기에는 잘못된 날짜까지 기록돼 있다). 그 다음 기록은 교황에 입후보했던 12세기의 필경사 시게베르트 데 젬블록Sigebert de Gembloux이 "교황 요한John (요안나)은 여성이었고, 자기 시종의 아이를 잉태했었다"라고 주장했다고 전한다. 이런 모든 초기 기록 중 가장 유명하고 상세한 내용은 주교 연대기의 편자bishop-chronicler였던 폴란드 마틴Martin의 『교황과 황제의 연대기The Chronicle of the Popes and Emperors』(1278)에 나온다. 이 책은 "교황 레오 다음에 마인츠Mainz (독일 라인랜드Rhineland의 도시로, 혹자는 북동 프랑스의 메츠Mets 출신이라고도 한다) 출신의 존 앵글리쿠스가 차기 교황으로서 2년 5개월 4일 동안 재임했다. 이 교황 요한(요안나)이 소녀 시절에 어떤 연인에게 이끌려 남장을 한 채 아테네로 가게 되었다는 주장이 있다"고 이야기한다.

마틴에 따르면, 그녀는 아테네에 간 뒤 과학과 철학에서 타의 추종을 불허하는 뛰어난 실력을 보였다. 이후, 로마로 건너가 남들 모르게 남장을 유지하며 당대의 많은 훌륭한 지성들을 지도했는데, 미

덕과 지식의 수준이 높아 이름을 떨치다보니 결국 로마 교황으로까지 자연스럽게 올라가게 됐다. 마틴은 "이 여성 교황은 임신 후 분만 시기를 모르는 상태로 성 베드로 성당St Peter's에서 라테란 궁전the Lateran으로 행렬을 하던 도중, 콜로세움Colosseum과 성 클레멘트 교회 St Clement's Church 사이의 좁은 골목길에서 아이를 낳았다"라고 이어 나간다. 이 지점에서 대부분의 이야기는 하나같이 엄마와 아이 모두 분개한 폭도들에 의해 맞아 죽었다고 말한다. "지금의 교황은 (행렬 시에) 항상 그 거리를 피하는데, 그 사건을 싫어하기 때문이라고 많은 이들이 믿고 있다."

우리는 중세의 필경사들과 기록관들이 최종 기록물의 경제적 물주가 되어줄 이들의 기호에 맞추어 내용을 윤색하고, 서로의 작업도 부지런히 베껴가며, 자신들의 시대를 기록했다는 사실을 기억해야 한다. 이런 악의적인 도용이나 실수가 섞여 들어가면, 이제 그 이야기는 수 세기 동안 세밀하게 반복되어 전해진다. 수 세기 동안, 특별한 속셈을 가진 많은 자들이 예전 이야기를 덧칠하여 자신들의 사기 행각에 신빙성을 부여했다. 마틴 책의 어떤 필사본에 요안나를 아테네로 데려간 '연인lover'을 1290년에 등장한 용어인 '애인sweetheart'으로, 그녀가 '임신 중이었다pregnant'를 17세기 중기에 등장한 표현인 '몸을 가졌다in the family way'로 기록했다는 사실도 중요하게 생각해볼 만하다.

교황 연감도 살펴볼 수 있다. 실제로 교황 2명 사이에 가장 긴 공백이 855년에 발생했다. 레오 4세가 사망하자 그 승계를 둘러싸고 매우 불미스러운 분쟁이 일어난 다음 요안나가 즉위했다고 하는 바로 그 시기이다. 첫 번째 교황 후보는 성 마르코 성당St Marco의 추기경 하드리안Hadrian이었는데, 그는 분별력이 있어서 딱 잘라 거절했다. 두 번째 후보는 베네딕트Benedict였는데, 무장 주교 무리가 그를 끌어내려 감옥에 집어넣음으로써 그의 재임은 바로 중단되었다. 다음으로 이 무장 주교들이 교황으로 추대한 이는 레오 4세가 파문하여 추방했던 권모술수의 배신자 아나스타시우스Anastasius였다. 그러나 아나스타시우스와 지지자들의 쿠테타는 실패했고, 이에 베네딕트가 부랴부랴 석방되어 아무 일도 없었던 것처럼 자리에 복귀했다. 의자 차지하기 식의 이 왕좌의 게임은 855년 7월 17일부터 9월 29일 사이에 일어났고, 교황 연감은 레오 4세(847-855), 베네딕트 3세(855-858), 니콜라스 1세(858-867) 순으로 이어지고 있다. 이 850년대의 어떤 기간에도 누군가가 2년간 비집고 들어가 재임할 틈은 없었다. 그 기간 중 교황 요한 혹은 요안나에 대한 기록이나 그녀가 길거리에서 군중의 무리에 의해 죽었다는 잔인한 결말에 대한 역사적 기록도 하나도 없다.

반대 의견에 대한 증거가 쌓여 있음에도 불구하고, 여전히 여성 교황의 존재를 강하게 믿는 이들은 폴란드의 마틴Martin이 "교황 행렬이 한때는 그 좁은 골목으로 내려갔지만, 이후 수 세기 동안 그 길을 회피했다"고 기록한 사실을 지적한다. 요안나의 존재를 믿는 학자들은 콜로세움과 성 클레멘트 교회 사이에 비슷비슷하게 존재하는 소수민족 거리 중 하나인 이 골목이 비쿠스 파페사Vicus Papessa라고 불린다는 사실을 지적하기를 좋아한다. 하지만, 이 명칭이 '여성 교황의 거리'로 번역되어서는 안 된다. 원래는 다른 이름이었다가 10세기경에 들어서 당시 그곳에 살던 부유한 상인 지오반니 파페Giovannni Pape의 부인을 기려 이 명칭으로 바뀐 것이기 때문이다. 따라서 비쿠스 파페사는 '파페 부인의 거리'라는 덜 흥미로운 이름으로 적절하게 번역되어야 한다. 교황 행렬은 하루 종일 제자리걸음을 하지 않는 한 어떻게든 어떤 경로를 따라 지나게 돼 있으므로, 그에 인접한 특정 거리들에 영예를 안겨주게 된다. 따라서 주민들은 합당하게 행렬 거리에 늘어서 있을 특권을 얻기 위해 바티칸 공무원들에게 많은 돈을 바쳤다. 분명 파페 부인도 교황 행렬의 장관과 의식을 매우 좋아했을 것이므로, 파페는 그녀가 그것을 만끽할 수 있게 해주었을 것이다. 그러다 파페 부부가 세상을 떠나자, 바티칸은 더 이상 그 좁고 가파른 골목을 조심스럽게 내려갈 동기가 없어졌다.

바티칸 박물관에 보관돼 있는—왕좌처럼 보이는— 대리석 의자에도 분명 이상한 구석이 존재한다. 한때는 한 쌍이었던 이 의자에는—다른 하나는 나폴레옹이 약탈해간 것으로 추정된다— 커다란 열쇠 구멍 같은 게 뚫려 있다. 요안나를 믿는 이들은 이 의자에 열심히 매달리며, 어떤 여성도 다시는 그런 기만을 저지르지 않도록 하기 위해 요안나 시대 이후 의자 2개가 만들어졌다고 주장했다. 그들은 교황 후보가 선발되면 그 의자에 앉아서 아래층의 특별한 전시실에 모여 있는 투표자들에게 자신의 성기를 보여주어야 했다고 강력하게 주장했다. 그 다음으로, 그 후보와 함께 위층 방에 있도록 선출된 성직자가 의자 아래로 가서 교황의 부속물을 붙잡고 '테스티쿨로스 하베 에 베네 펜덴테스Testiculos habet et bene pendentes'라고 외친다. 이는 '교황에게는 고환이 있으며, 아주 잘 매달려 있다'는 뜻인데, 이 말을 들으면 모든 관련자는 크게 안도하게 된다. 하지만 두말할 필요 없이, 그런 '의식'이 제정된 적은 없다. 이 의자가 그저 변기 겸용 의자였다고 말하는 이들이 있는데, 의자 등받이가 45도로 경사져 있

교황 요안나의 영화

바티칸은 여성이 추기경들의 눈을 속여 교황으로 지명된 적이 있다는 설을 싫어하지만, 이를 기정사실화하는 책, 연극, 영화 등이 계속 나오고 있어서 상황은 나아지지 않고 있다.

가장 최근에 영화화된 것으로, 요하나 보칼레크Johanna Wokalek가 주인공을 맡았던 독일 영화 《교황 요안나Pope Joan》(2009)가 있다. 이 영화는 이야기가 '실화'라고 홍보하여, 바티칸으로부터 멸시를 당했다. 카톨릭 신문 『라베니레L'Avvenire』에서는 이 영화에 골빈 날조에 흥행성도 없다는 딱지를 붙였다. 하지만 이 영화는 계속 흥행 가도를 달려서 2009년과 2010년 이탈리아 최고 10대 영화에 올랐고, 그것도 1위 《섹스 앤 더 시티 2Sex and the City 2》 다음으로 2위였다.

다는 사실이 그럴 가능성을 희박하게 만든다. 이것이 분만 의자였다고 주장하는 이들도 있다. 어찌되었든, 이 의자들은 요안나 교황의 시대로 추정되는 시기보다 더 오래된 물건이며, 실은 교황청의 시작보다도 오래되었다. 이로 인해, 우리는 '누가 그런 유치한 이야기를 시작했으며, 왜 그랬을까?'라는 중요한 의문을 품게 된다.

16세기 초에는 바티칸의 행실에 대한 불만이 ─특히 면죄부 판매에 대해─ 유럽 전역에 팽배했다. 면죄부는 죄를 사해주는 증서였는데, 부자들만 구매할 수 있었다. 이로 인해, 부자들은 연옥에서 자신들에게 할당된 고행의 시간을 건너뛰어 곧장 천국으로 올라갈 수 있었다. "저는 앞으로 살인 2번과 강간 1번을 저지르겠습니다"라는 식으로 아직 저지르지도 않은 죄들을 마음대로 저지르는 데 면죄부를 이용할 수 있게 되자 이는 바티칸의 금고를 채우기 위한 사기 행각이 되었다. 그 결과, 프로테스탄트 개혁 운동이 일어나고, 곧이어 개신교가 탄생했다. 이 새로운 운동은 영향력 있는 활동을 펴기로 하고, 로마의 반대파에게 오명을 뒤집어씌우는 일이라면 뭐든 시도했다. 개신교 추종자들이 성공을 이룬 첫 번째 대대적인 선전은 스페인 종교재판 — 사실은 개신교에서 묘사했던 것처럼 끔찍하거나 징벌적인 것과는 거리가 멀었던 — 에 관한 끔찍한 이야기들을 널리 퍼뜨리는 것이었다. 그 다음으로 그들이 바티칸에 대한 증오를 조장할 목적으로 내놓은 아이디어는, 바로 여성 교황이었다.

『로마 제국 쇠망사The History of the Decline and Fall of the Roman Empire』(1776)의 저자인 역사가 에드워드 기번Edward Gibbon은 여성 교황에 대한 영감은 창부정치Pornocracy에서 나온 것일 수 있다고 주장했다. 창부정치의 시기가 904년 교황 세르지오 3세Pope Sergius III의 즉위로 시작되기 때문에 교황 요한(요안나)의 시대로 주장되는 시기와 잘 들어맞는다. 나약하고 우유부단한 남자였던 세르지오는, 로마의 유력한 집정관이었던 토스쿨룸Tusculum 백작 테오필락투스Theophylact의 아름답지만 독사 같은 아내 테오도라Theodora의 손아귀 속으로 떨어저버렸다. 이 여성은 성적인 매력을 이용하여 세르지오와 바티칸 사람들을 자신의 야심대로 쥐락펴락했다. 그러다 곧 세르지오를 조종하는 일에 싫증이 나자 자신의 15살짜리 딸 마로치아Marozia에게 그 역할을 넘겨주었다. 마로치아는 어린 나이였는데도 배포가 커서, 보르지아Borgias[14]가 무색할 정도의 많은 정치적 살인을 바티칸 내에서 획책했다.

세르지오 교황과 마로치아의 사생아는 교황 요한 11세(931-935)가 되었고, 이후 손자 2명, 증손자 2명, 증증손자 1명이 돌아가며 베드로 의자Chair of St Peter(교황의 보위)를 차지했다. 이는 바티칸의 역사상 매우 유례없는 업적이다. 마로치아는 엄마의 또 다른 정부情夫이기도 했던 교황 요한 10세Pope John X(914-928)에 의해 로마의 원로Senatrix와 귀족Patricia의 작위도 받았다. 그녀가 937년에 세상을 떠나자 창부정치는 흐지부지되었다.

개신교 선전가들은 실존 여성이 교황 뒤에서 진짜 권력을 휘둘렀다는 이 스캔들을 가지고 실제의 여성 교황을 '재창조'할 수 있다고 생각했다. 이를 위해, 그 여성에 관한 초기의 적절한 기록들을 만들어낼 필요가 있었다. 폴란드 마틴의 『교황과 황제의 연대기』 필사본에 등장하는 '애인'과 '몸을 가졌다'라는 표현을 기억하는가? 다

---

14 제자레 보르지아Cesare Borgia. 이탈리아의 전제 정치가로 마키아벨리 『군주론』의 모델이었다고 한다.

른 이들이 가필하지 않은 초기 필사본들에는 교황 요안나에 대한 언급이 없다. 요안나를 언급하는 다른 필사본들도 추가 내용을 본문이 아닌 각주나 주석의 형태로 실었다. 따라서 16-17세기에 개신교 선전 기구가 창부정치를 교황 요안나의 형태로 되살린 다음 중세 필사본들 안에 윤색해 넣었다는 기번Gibbon의 의견을 받아들이면, 모든 게 말이 된다.

결코 존재한 적이 없는 여성, 도쿄 로즈

○

●

세상에 존재하지도 않았던 도쿄 로즈Tokyo Rose라는 유령은 여전히 대중문화에서 회자되며 달콤한 목소리를 내는 일본 요부의 모습을 떠올리게 만든다. 도쿄 로즈는 2차 세계대전 동안 태평양에서 일본 육해군과 교전하던 미군을 조롱하기 위해 매일 라디오 방송을 했다고 전해진다. 당시 미군들은 사랑하는 아내가 집에 정부情夫를 들여 배신하는 사이 자신들은 절박한 패배와 죽음을 눈앞에 두고 도쿄 로즈의 조롱까지 견뎌야 했다고 주장했다. 따라서 이 미스터리한 여성이 실은 존재한 적이 없다는 사실은 많은 이에게 충격일 것이다. 말하자면, 미 행정부는 전쟁터에서 돌아오는 자신들의 영웅을 망상에 빠진 히스테리 환자들로 낙인찍게 되는 정치적 자살을 피하기 위해, 누군가를 도쿄 로즈로 만들어 잡아넣어야 했다. 트루먼 대통령

President Truman의 누명을 뒤집어쓸 희생양은 왜소한 몸집의 아이바 토구리Iva Toguri라는 여성이었다. 그녀는 결코 존재한 적이 없는 도쿄 로즈였다는 죄목으로 체포되어 수감되었다.

아이바는 1916년 7월 4일 로스앤젤레스Los Angeles에서 일본인 부모에게 태어난 전형적인 미국인이었다. 그녀는 열렬한 야구팬이었고, 캘리포니아 대학교에서 동물학도 전공했다. 그런데 1941년 7월에 병환으로 임종을 맞게 된 숙모를 간호하기 위해 일본에 가게 되었다가, 미국을 2차 세계대전에 참전하게 만든 진주만Pearl Harbor 폭격으로 그곳에 발이 묶이게 되었다. 아이바의 부모님은 미국 땅에서 적국 이방인으로 억류되어 있었고, 아이바는 미국 시민권을 유지하고 있다는 이유로 일본에서 비슷한 취급을 견뎌야 했다. 그러다 구금에서 석방되어 도쿄 라디오에서 타이피스트typist로 일하다가 필리페 다키노Filipe D' Aquino를 만나 결혼하게 된다. 당시 도쿄 방송국에서는 선전 프로그램을 내보내고 있었는데, 호주 포로 찰스 커슨스Charles Cousens 소령이 진행하던 '제로 아우어Zero Hour'라는 일일 방송이 있었다. 전쟁 전에 시드니에서 라디오 유명 인사였던 그 소령은 일본 심리전 부서Psychological Warfare Division의 시게츠구 쓰네시Shigetsugu Tsuneishi 소령에 의해 포로수용소의 방송국으로 보내졌는데, 말을 듣지 않으면 그를 비롯해 다른 10명의 포로들을 무작위로 색출하여 총살할 거라는 협박을 듣는다.

커슨스는 그런 위험한 상황을 빚지 않기 위해 최선을 다하기로 결심하고, 미 육군의 월러스 아인스 대위Captain Wallace Ince, 노먼 레예스 중위Lieutenant Norman Reyes와 함께 팀을 결성했다. 커슨스는 아이바가 착한 심성을 가졌다는 사실을 발견하고서, 그녀의 자연스러운 영어 회화 실력과 친근감이라는 장점을 일본인 관리자들에게 호소하여 그녀를 프로그램에 '채용했다.' 아이바는 본인의 코너에서 스스로를 고아 애니Orphan Annie[15]라고 부르면서 직접 선곡한 음악들을 틀고 소개했다. 이 네 사람은 목소리 톤, 미묘한 풍자, 속어 등을 한데 섞어가며, 미군 청취자들의 배꼽을 빼는 일이라면 뭐든지 했다. 아이바는 자주 청취자들을 '내 친구 고아들'이라고 불렀는데, 감시자가 스튜디오 밖으로 나갈 때마다 청취자들이 선전 방송을 듣고 있다는 사실을 떠올릴 수 있는 위험한 일도 했다. 그녀는 얼마 안 되는 임금의 대부분을 기본 의약품을 사는 데 지출했는데, 그녀가 그것들을 탁자 밑으로 커슨스에게 전달하면 커슨스는 그것들을 캠프로 가지고 들어갔다. 그녀가 그런 위험한 일을 하는 순간 붙잡혔다면 아마도 총살형에 처해졌을 것이다.

1945년 일본의 항복 후, 맥아더 장군General MacArthur이 요코하마Yokohama에서 약 30km 떨어진 아츠기Atsugi 비행장에 도착했다. 그를 따라 들어온 탐욕스러운 언론인 부대는 도조Tojo[16] 장군을 인터뷰하

---

15 1924년 해럴드 그레이가 그린 만화 『어린 고아 애니Little Orphan Annie』의 주인공 이름.

16 도조 히데키東條 英機. 일본의 군인이자 정치인으로, 진주만 습격을 명령해 태평양 전쟁

고 도쿄 로즈라는 유령도 추적하고 싶어 했다. 이들 중 선봉에 선 두 사람은 국제 뉴스 서비스International News Service의 클락 리Clark Lee와 『코스모폴리탄Cosmopolitan』의 해리 브런디지Harry Brundidge였다. 해리 브런디지는 도쿄 로즈가 누군지 알려주는 이에게 250달러를, 도쿄 로즈가 직접 독점 인터뷰에 응할 경우는 2,000달러를 주겠다는 소문을 냈다. 상업적으로 파산 상태였던 1945년의 일본에서 이런 규모의 돈은 생사가 달린 문제였다. 당시 도쿄 라디오에서 받았던 아이바

을 일으킨 전범으로 종전 후 전범 재판에 섰다.

의 급여가 1달에 7달러 정도밖에 되지 않았다. 아니나 다를까 아이바의 방송국 동료인 레슬리 나가시마Leslie Nakashima가 브런디지에게 그녀의 이름을 팔았다. 아이바는 '제로 아우어' 프로그램에서 스스로를 냉소적으로 비웃는— 고아 애니라고— 짧은 코너를 맡고 있어서 미군의 인기를 얻고 있다고 착각하고 있었고, 도쿄 로즈에 대해 들어 본 적도 없었다. 하지만, 그녀는 단 1회의 인터뷰에 오늘날의 50,000달러에 상당하는 금액을 받는다는 기대감에 부풀어, 자신이 실제로 도쿄 로즈이므로 기꺼이 인터뷰에 응하겠다는 계약을 브런디지와 적극적으로 맺는다. 하지만 브런디지는 점점 이상한 낌새를 알아차린다. 아이바는 그녀가 달콤한 목소리를 가진 팜므파탈이라는 설에는 몸을 흔들며 웃음을 터뜨렸고, 그녀가 미국과 미군에 피해가 되는 방송을 한 적이 있다는 주장에 대해서는 상당히 격하게 반응했다. 그녀가 인터뷰 내내 주장한 것은, 자신과 커슨스가 청취자들에게 방송을 전달하기 위해 농담을 섞는 전략을 썼을 뿐이라는 얘기였다.

브런디지는 별 볼 일 없는 사람과 계약을 맺어 편집자들로부터 거절당할까 두려워졌고, 2,000달러의 빚까지 지게 되자, 모든 테이프와 기록을 일본의 미 정보대US Intelligence Corps 총사령관 엘리어트 소프Elliott Thorpe에게 가져갔고, 아이바를 반역자 도쿄 로즈로 체포하라고 그를 부추겼다. 소프가 행동에 나서지 않을 것을 대비하여, 어리숙한 아이바를 300명 이상의 기자들과 집단 인터뷰를 하게 해서,

자신과의 독점 인터뷰 조항을 위반하여 계약이 무효화되도록 일을 꾸몄다. 이를 전혀 알아차리지 못했던 아이바는 자신이 새롭게 뜨고 있는 유명 인사라는 착각 속에 모든 참석자가 이상하게 생각할 만큼 매우 들뜬 모습으로 1945년 9월 5일 요코하마 분드 호텔Bund Hotel에서 인터뷰를 가졌다. 거기에 모인 기자들 앞에 있는 이 여성은 도쿄 로즈가 누구인지도, 그녀가 어떻게 여겨졌던 존재였는지도 전혀 모르고 있는 것이 분명했다.

한편, 미국에서는 자신의 미디어 권력을 이용하여 남들의 생애를 짓밟는 것을 즐기던, 비열하지만 인기 있었던 우익 언론인 월터 윈첼Walter Winchell이 도쿄 로즈 사건에 달라붙어 있었다. 그는 아이바를 반역죄로 체포하여 포승줄에 묶어 미국으로 후송해 와야 한다고 텔레비전과 라디오를 통해 미국 정부에게 요구했다. 도쿄에서는 아이바의 도쿄 라디오 윗선 관리자들이던 미국 태생 켄키치 오키Kenkichi Oki와 조지 미츠시오George Mitsushio를 연루시키기 위해, 뇌물과 협박이라는 당근과 채찍의 방법이 동원되었다. 아이바의 재판이 진행되던 몇 주 동안 이들은 일일이 주입받은 위증 내용을 '한 자도 틀림없이 외우도록' 조련 받았다. 1949년 7월 5일에 재판이 시작되자, 이 둘은 그녀가 일상적으로 미국에 반역적인 방송을 했으며, 특정 미군 부대와 그 위치에 대해서도 자주 발설했다고 증언했다. 하지만 나중에 자신들의 증언이 완전히 거짓말이었다는 사실을 인정하게 되었을 때, 이 둘은 자신들이 아이바와는 달리 미국 시민권 포기자들이라 미국인 직업 통제를 받으며 일본에 살도록 선고 받은 처지였기에, 지시받은 대로 하지 않으면 자신들을 비롯해 가족들에게도 불행한 삶이 펼쳐질 것이 뻔해 그렇게 했다고 밝혔다.

워싱턴에서 내밀하게 선정되었던 판사조차 나중에 자백하기를, 아이바의 재판은 정치적 아젠다에 따라 진행된 완전히 수치스러운 재판이었다고 했다. 미연방 지방 판사 마이클 로슈Michael Roche도 '아이바의 유죄에 대해 배심원을 혼동시킬 수 있는' 증거들을 꾸준하게 배제시켰고, 모호하게 기술된 7가지 혐의에 대해 무죄 평결이 내려져 지장을 겪게 되자, 마지막에 남아 있던 혐의들에 대해 유죄 평결을 내리도록 배심원들을 협박했다고 고백했다. 로슈가 기각한 증거 중에는 커슨스의 것도 있었다. 커슨스는 모든 혐의를 벗은 상태로 호주로 돌아갔고, 호주에서는 모든 이가 그와 아이바가 방송에서 교묘히 해낸 일을 재미있어 했다. 그는 자비로 미국으로 건너가 그녀가 한 일이라곤 고작 음악을 틀고 냉소적으로 비웃는 농담 몇 마디를 던진 것이 다였다고 증언했다. 1945년 8월에는, 변호인단 측에서 미 전시 정보국US Office of War Information이 『뉴욕 타임스New York Times』에 게재한 보고서를 증거로 계속 제시했지만 이것 역시 기각되었다. 그 글은 "도쿄 로즈란 없다. 그 명칭은 엄연히 미군의 날조에 불과하다. 하루 24시간 동안 라디오를 모니터했던 정부 관료들조차도 일본이 관리하는 어떤 극동 지역 라디오에서 '도쿄 로즈'라는 말을 들어본 적이 없다"였다.

추축국[17] 샐리 Axis Sally

메인Maine주 포틀랜드Portland에서 태어난 밀드레드 질라Mildred Gillars는 2차 세계대전 중 추축국 샐리라는 이름으로 베를린에서 대적 방송을 했던, 진짜 미국의 반역자였다. 그녀는 방송을 마칠 때면, 종종 루즈벨트 대통령과 그의 모든 '유대인 남자 친구들'을 조롱하며 끝냈다.

임박한 패배를 얘기하며 미군들을 괴롭혔던 이는 질라였다. 그녀는 포로 수용소를 정기적으로 찾아가서 총부리를 들이댄 채 녹음한 사기 저하 '인터뷰'를, 자신의 '홈 스위트 홈Home Sweet Home'이라는 방송에 사용하곤 했다.

질라는 전후 독일의 폐허 속에서 체포되어 결국 미국으로 송환되었고, 1949년 3월 10일에 10년에서 30년 사이의 징역과 10,000달러의 벌금을 선고 받았다. 1959년에 처음 가석방 자격을 얻게 되는데 대중을 만나기를 꺼려하여 신청을 거부했다. 그러다 1961년 웨스트 버지니아West Virginia주의 앨더슨 교도소Alderson Reformatory는 그녀를 거리로 내쫓았다.

'신을 만나게 된' 질라는 오하이오Ohio주 콜럼버스Columbus에 있는 베들레헴 성모 수녀원Lady of Bethlehem Convent에서 살기 시작했고, 거기에서 1988년에 죽을 때까지 독일어를 가르치며 지냈다.

---

17 제2차 세계대전 중에 연합국 측에 대항한 독일, 이탈리아, 일본이 동맹하여 이룬 세력을 말한다.

미 육군의 법무상 보좌관 테론 L. 코들Theron L. Caudle이 법무상 사무실에 보고한 다음 글은 배심원들을 분명히 혼란에 빠뜨렸을 것이다.

> 이 사건에 대한 진상 조사 결과, 토구리의 활동은 음악을 선곡해 발표하는 일에만 국한되었기 때문에, 그녀를 '도쿄 로즈'로 여기는 것은 잘못된 것으로 보입니다. 그녀의 방송과 원고 모음도 많이 찾아냈는데, 그것들 역시 연방 방송 위원회Federal Communications Commission에서 모니터링한 그녀의 방송 대본과 마찬가지로, 그녀가 음악만을 소개했다는 사실 말고는 밝혀주는 것이 없습니다. 토구리의 활동들은, 특히 그녀 방송의 순수한 성격을 참작하면, 그녀의 반역죄 기소를 보장하기에는 충분하지 않다는 것이 저희의 의견입니다.

아이바가 체포되기 6개월 전에도 제8군 법원Eighth Army Legal Services은 이렇게 보고했다. "그녀가 군대의 이름, 위치, 예상되는 군사 행동이나 공격 정보 등 가지고 군대를 상대로 방송을 해서, 소문이나 전설 속의 도쿄 로즈가 그랬다는 것처럼 군사적 기밀과 계획에 접근했다는 사실을 보여주는 증거는 없습니다."

그러나 이것들마저도 대중이 원하는 바를 들어주지 않기로 결정한 트루먼 행정부로부터 아이바를 구해주지는 못했다. 아이바를 변호했던 이들은 그녀가 희생양이 되어 10년형과 10,000달러의 벌금을 선고 받은 것을 애석해했다. 역설적이게도, '외국인'으로 여겨진다는 이유로 미국의 증오가 무고한 아이바에게 쏠리는 동안, 실제 미국인 반역자였던 방송인 밀드레드 질라Mildred Gillars는 소리 소문 없이 수감되었다. 베를린에서 '추축국 샐리'로 선전 방송을 한 그녀는 메인주 출신의 중산층 백인 여성이었다. 그녀는 미국이 패배할 것이며 배우자들이 간통하고 있을 거라는 이야기로 미군들을 조롱했다. 그녀는 전쟁 전에 미국에서 단역 배우 생활을 하며 익힌 요염한 목소리를 통해 이 모든 방송을 전달했다.

아이바는 형을 마친 뒤 석방되어 시카고에 정착했고, 1977년에는 포드 대통령President Ford으로부터 때늦으나마 반가운 완전 사면을 받았다. 2006년 사망하기 직전에는, 미국 제2차 세계대전 재향 군인 위원회American World War II Veterans Committee로부터 에드워드 J. 헬라히 시민상Edward J. Herlihy Citizenship Award도 수상했다. 이 상은 그녀가 자신에게 부당하게 부과된 시련을 겪는 동안 자신의 국가에 대해 한마디의 불평도 하지 않고 침묵으로 인내한 것을 치하하는 상이었다.

로빈 후드는 실화일까, 설화일까?

○
●

로빈 후드Robin Hood는 단연코 영국 대중문화 속 최고의 우상이지만, 이 전설 속 인물의 정확한 정체는 — 전설의 존재인데 그게 합성적 인물인지 아니면 순전히 가공의 인물인지 — 잡아내기 어렵다. 로빈은 1189년부터 1199년까지 통치를 했던 사자왕 리처드Richard I의 충성스러운 군인 이미지로 인기를 얻었다. 리처드 왕은 충성스러운 신하를 얻고 싶어서 로빈을 '미끼'로 유인하기 위해 스스로 장사꾼으로 위장한 채 말을 타고 셔우드Sherwood 숲을 지나갔다고 한다. 하지만 프랑스 태생인 리처드는 영어를 전혀 못했고, 그의 총 재임 기간 동안 영국에서 보낸 기간은 5개월도 안 되기 때문에, 이 둘의 만남은 어떤 식으로든 성사되기 어려웠을 것이다. 게다가 무법자 로빈 후드에 대한 언급은 1370년대 후반 윌리엄 랭랜드William Langland

가 쓴 풍자소설 『농부 피어스Piers Plowman』에 처음으로 등장했다. 1450년대에 양피지에 처음 기록된 로빈 후드Robin Hood 발라드(민요)[18]에 에드워드Edward라는 왕이 나오긴 하지만, 그가 어느 시대의 왕인지에 대한 단서는 나오지 않는다.

제시 제임스Jessie James[19], 빌리 더 키드Billy the Kid[20], 딕 터핀Dick Turpin[21] 같은 특정한 유형의 범죄자들을 예찬하는 대중들의 심리와 같은 맥락으로, 사람들은 로빈도 부자들에게서 재물을 강탈하여 가난한 이들에게 나눠주었던 의적으로 여기고 싶어 한다. 하지만 본래의 발라드에는 그런 의적 행위가 전체 내용 중에 오직 한 사건에서만 언급되고 있고, 이것이 대표적인 로빈 캐릭터의 유일한 기반이 되었다. 사실 발라드들 안에 그려진 모습을 보면, 로빈 후드, 리틀 존 Little John[22], 메리 멘Merry Men[23]은 캄캄한 밤중에 만나기에는 달갑지 않은 사람들이다. '메리 멘'은 메리 메인Merrie Mein 또는 메리 메이니 Meinie가 변형된 이름이다. 첫 번째 단어인 메리(즐거운, 유쾌한)는— 그것이 명예롭든 수치스럽든— 이 집단의 목적에 부합한 단어이고,

---

18 중세 유럽에서 형성된 정형시의 하나. 자유로운 형식의 짧은 서사시. —편집자 주

19 미국 서부에서 활동하던 갱단 두목.

20 미국 서부 시대의 대표적인 무법자.

21 18세기 초 영국 사회에서 악명 높았던 강도.

22 로빈 후드의 오른팔 친구.

23 '무법자들'이란 뜻으로, 로빈 후드를 따르던 부하들을 뜻한다.

두 번째 단어인 멘, 메인, 메이니 등은 추종자들을 뜻한다.

1450년에 처음 간행된 『로빈 후드와 수도사Robin Hood and the Monk』는 민간에 회자되던 발라드들을 엮은 것이다. 이 속에서 로빈은 노팅엄Nottingham에 감히 발을 들여놓았다가 예전에 그가 피해를 입혔던 수도사에게 발각되는데, 수도사의 고함소리를 듣고 쫓아온 노팅엄 장관sheriff의 부하들에게 몰리다가 붙잡힌다. 이를 알게 된 리틀 존과 방앗간 아들 머치Much the Miller's Son는 그 부역자 수도사를 불러 세워 난도질하여 죽인 뒤, 그들의 소행을 목격한 아이마저 죽여 버린다. 초기의 많은 기록을 보면, 로빈은 희생자와 포로들의 귀를 잘라 그들을 불구로 만들어버리는 일이 많았다. 한번은 마술사 일행을 멈춰 세웠는데, 그 마술사가 자신의 신경을 거스른다는 이유로 그의 손을 나무에 못 박은 채 죽게 내버려 뒀다.

당시에 사람들은 자기 영웅들의 죽음에 대해 훨씬 느긋했다. 로빈 이야기의 마지막 부분에 대해 〈로빈 후드의 모험담Gest of Robyn Hode〉 같은 초기 발라드는 건강이 악화된 로빈이 수녀원 부원장과 함께 성배를 찾아 떠난다고 말한다. 하지만 안타깝게도 수녀원 부원장은 효력이 천천히 나타나는 독약을 로빈에게 먹여 그를 배신한다. 리틀 존은 마지막까지 그의 곁을 지키면서 창문을 열어 로빈이 화살을 쏠 수 있게 해 주고, 로빈은 마지막 숨을 몰아쉬며 존에게 화살이 떨어지는 곳에 자신을 묻어달라고 부탁한다. 이 수녀원 부원장은 희곡 〈헌팅던 백작 로버트의 몰락The Downfall of Robert Earl of

Huntingdon〉에서 커클리즈Kirklees 출신으로 나오며, 커클리즈 수도원 Kirklees Priory 부지에는 실제로 봉헌된 무덤도 있다. 그런데 사실 이 수도원은 노팅엄셔Nottinghamshire가 아닌 웨스트 요크셔West Yorkshire 에 있다.

그러니까 본래의 로빈 후드는 중세 시대의 인물이었고, 그의 모험 담은 그를 숭앙하면서 그의 잔인한 행동에 귀를 기울였던 똑같은 잔 인함을 지닌 관객을 위해 쓰인 것이었다. 이것이 이후 다른 세기 사 람들의 좀 더 섬세한 취향에는 적합하지 않았기 때문에 로빈에 관한 모든 이야기가 어디론가 숨어 버렸고 마찬가지로 오늘날에는 거의 잊혀졌다. 사실 현대 영화에 나오는 로빈은 16세기와 17세기의 로빈이 진화한 것이다.

기록상으로, 헨리 8세Henry VIII의 흠정 출판관이던 리처드 그래프턴Richard Grafton의 『일반 연대기Chronicles at Large』(1569)에 처음으로 로빈이 농민 혹은 소작농의 신분에서 백작으로 격상되어 나온다. 이 책에서는 우드스탁의 에드워드Edward of Woodstock도 블랙 프린스Black Prince라는 명칭으로 처음으로 언급되는데 그 이유는 나와 있지 않다. 그래프턴은 날조된 혐의의 반역죄를 뒤집어쓰고 부와 재산을 몰수당해, 어쩔 수 없이 떠돌아다니다가 도적이 되어 거친 삶을 살게 된 가난한 백작으로 로빈을 소개한다. 그래프턴의 『일반 연대기』에 등장하는 이 새롭고도 더욱 복잡해진 로빈은 앤서니 문데이Anthony Munday의 희곡 〈헌팅던 백작 로버트의 몰락The Downfall of Robert Earl of Huntingdon〉(1598)에서 한발 더 진화한다. 앤서니는 이 희곡에서 로빈을 아름다운 아가씨 마틸다Matilda에게 반하는 헌팅던 백작 로버트로 그렸다. 이로 인해, 로빈의 삶에 로맨스적인 요소가 처음 가미되는데, 그뿐 아니라 극의 후반부에 가면 마틸다가 마리안 아가씨Maid Marian로 불리며 무법자들과 한 무리가 된다. 이는 삼각관계의 독보적인 원형으로 '로빈, 마리아, 마리아와 결혼하여 상속권을 얻으려는 사악한 존 왕자'를 만들어내고, 이 구조는 많은 현대극의 묘사에 중요한 역할을 한다. 그러므로 로빈은 변화하는 시대에 따라 바뀐 모습으로 등장하는 일시적인 캐릭터였다. 하지만 그럼에도 이 전설의 중심에는 어떤 실존 인물이 실제로 존재하지 않았을까?

빅토리아 시대는 관광 산업이 급성장했던 시대였다. 노팅엄이 로빈 후드와 셔우드 숲의 관계를 크게 부각시키고 있었지만 요크셔는 그런 노력을 안중에도 두지 않았다. 요크셔에는 데일즈Dales라는 국립공원이 있었고, 주요 명소인 해로게이트Harrogate 온천도 있어서 돈벌이가 좋았기 때문이다. 그러다 최근 들어 셔우드 숲 여행을 위해 노팅엄을 찾는 이가 연간 50만 명이 넘어서자, 요크셔는 자기 고장의 아들을 되찾기 위한 전투를 시작했다. 로빈 후드 전설의 중심에 실존 인물이 있다면, 그가 바로 이 요크셔 출신이라고 주장할 근거가 많기 때문이다.

로빈 후드의 만Robin Hood's Bay은 휘트비Whitby[24]에서 남쪽으로 8km 정도 떨어져 있는 그림 같은 어촌 마을이다. 14세기 초부터 이 명칭으로 알려져 왔다. 프랑스 플랑드르의 백작 루이 1세Louis I는 1324년에 첫 편지를 시작으로, 영국왕 에드워드 3세 Edward III에게 항의의 편지를 많이 보냈다. 로빈 후드만의 주민들이 와서 어선들을 강제로 빼앗고 포획물을 강탈해 간다며, 일상적으로 횡행하고 있는 플랑드르 어선 침탈 행위에 항의했다. 로빈 후드라고 불리는 사람에 대한 최초의 언급은 1225년 요크 아시즈York Assizes 법원의 소송 과정

---

24 요크셔 주 동북부의 항구도시.

기록에 나온다. 여기에는 로빈 후드 혹은 로빈 호드Hod로 불리는 사람으로부터 성 베드로 교회의 영지에 갚아야 할 채무로 32실링 6펜스 가치의 재산을 몰수했고, 이후 그는 무법자로 추방되었다는 상세

링컨 그린 색Lincoln Green

숲에 사는 도적들이 녹색 옷을 입는 것이 당연한 것처럼 여겨지고, '로빈'이 링컨 그린으로 알려진 천으로 만든 복장을 입었다는 이야기들이 수세기 동안 많이 있었지만, 이는 사실 매우 혼동되는 용어에서 비롯된 오해이다. 링컨시city of Lincoln가 녹색 천으로 유명해지기는 했지만, 링컨 그린 색에 대한 언급이 1510년 전까지는 나오지 않았다. 따라서 로빈이 그것을 예전부터 입었다고 주장하기에는 약간 늦다.

로빈의 시대에 링컨에서 유명했던 천은 당시에 이따금 그린Grene으로 불렸던 링컨 그레인Lincoln Greyne이라는 밝은 적색 직물이었다. 이 명칭은 —이후에 카민carmine이라 불리게 되는— '그레인grenes' 혹은 곡물grain의 빨간 염료가 직물에 진홍색을 잘 고착시켜주었기 때문에 나온 것이다. 이 염료로 인해 옷감의 가격과 가치가 높아졌다. 옛날 기록에는 로빈이 그저 링컨 그린이나 링컨 그레인을 입었다고만 언급돼 있다. 그런데 16세기 초에 링컨 그린이 인기를 끈다는 사실을 알게 된 독자들이 그 사실을 잘못 받아들여서 기록 속의 '그린grene'이나 '그레인greyne'을 녹색의 '그린green'이라고 추정하게 되었다.

한 기록이 나와 있다.

왕립 역사학회Royal Historical Society의 연구원이자 중세 역사의 전문가인 데이비드 볼드윈David Baldwin에 따르면, 전설 속에서 요크York 출신으로 여겨지는 로빈 후드는 1260년대 후반에 셔우드 숲에서 활동했다고 하는 무법자 로저 갓버드Roger Godberd일 수도 있다. 볼드윈은 리처드 3세가 레스터Leicester의 그레이프라이어스Greyfriars 주차장 아래에 매장되어 있을 것이라고 예측했던 인물로 이는 30여 년 뒤에 사실로 입증되었다. 현재 런던과 요크는 셔우드 숲을 통과하는 그레잇 노스웨이Great North Way 도로를 통해 곧장 연결된다. 당시 셔우드 숲은 끝없는 삼림지가 아니라 탁 트인 황야지대였는데[25] 이곳은 사람들이 많이 다니는 통행로였기 때문에 갓버드 같은 이들도 자연히 끌어들였다. 로빈 후드의 전설에 나오는 것처럼 갓버드는 셔우드 숲을 통과하는 여행자와 교인들을 갖은 방법으로 약탈하고 살해했던 불한당 일당의 두목이었다. 그는 왕의 사슴을 밀렵한 죄로 노팅엄 장관에게 체포되었다가 탈출한 적도 있었다. 대부분의 초기 발라드에는 로빈이 시몬 드 몽포르Simon de Montfort가 헨리 3세Henry III에 대항하여 일으킨 1263년의 반란을 지지했다가, 반란의 실패 후 무법자가 되었다고 나온다. 그런데 갓버드 역시 시몬의 열렬한 지지자였

---

25 그 시대에 '숲'이라는 용어는 왕실 사냥터를 뜻했다.

다가 산으로 도망쳤다고 한다. 전설 속의 로빈은 사우스요크셔의 록슬리Loxley와도 밀접한 연관이 있어서, 록슬리의 로빈으로도 불렸다. 갓버드가 묻혀 있는 곳은 워릭셔Warwickshire의 록슬리이나. 이는 또 다른 혼란스러운 관련성을 제기한다.

중세 인물들과 그들의 운명에 관한 볼드윈의 주장을 참작하면, 갓버드가 주인공이어야 한다. 만일 요크셔가 다음 수를 생각하고 있다 해도, 로빈 후드에 관한 한 노팅엄과 셔우드의 대세는 계속될 것이다.

2부

가짜 항해와
꾸며진 모험담들

중국에 관한 소문으로 쓴 『동방견문록』

○
●

마르코 폴로Marco Polo에 관해 우리가 알고 있거나 생각하고 있는 대부분은 이 늙은 허풍쟁이와 그의 여행기이자 회고록인 『백만 가지 이야기The Million』(보통 『동방견문록』으로 불린다)로부터 전해진 것들이다. 초기 회의주의자들은 이 제목을 『백만 가지 허풍The Million Lies』으로 바꾸기도 했다. 폴로는 제노바Genoa와 베니스Venice 전쟁이 한창이던 시기에, 중국에서 오래 체류해 있다가 막 돌아왔다며 베니스에 나타났다. 그는 1296년에 아나톨리아Anatolia 해안에서 제노바 사람들에게 체포된 듯하다. 폴로는 당시 1284년에 제노바에 의해 체포된 동료 수감자이자 유명한 낭만주의 모험 작가 루스티첼로 다 피사Rustichello da Pisa를 시켜 자신이 불러 주는 대로 『마르코 폴로의 여행기The Travels of Marco Polo』라고 불리는 책을 쓰게 했다고 주장했다. 전체 원고 중 18개 문장만이 1인칭으로 전달되는 이 원고가 그 모든 논란에도 불구하고 당대에 폴로에게 큰돈을 벌어다 주었으며, 아직도 출간되고 있다는 사실은 대단히 놀랍다.

시작부터 논란을 불러일으켰던 폴로의 책은 아직도 학술 토론을 양분화하고 있다. 대표적인 예로 2013년까지 영국 도서관의 중국학과 학과장을 지낸 프랜시스 우드Frances Wood 같은 이들은 '폴로는 중국에 가 본 적이 없다'는 진영에서 저명하다. 그런 주장을 담고 있는 그녀의 저서 『마르코 폴로는 중국에 갔을까?Did Marco Polo Go to China?』(1995)는 아직도 미국 컬럼비아 대학의 모리스 로사비Morris Rossabi나 독일 튀빙겐 대학의 한스 보겔Hans Vogel 같은 다른 중국학 연구자들로부터 반론을 끌어들이고 있다. 폴로의 주장을 옹호하는 진영에 로사비와 보겔만 있는 게 아니다. 예상 가능한 대로 폴로는 당대에도 모든 부정적인 의견들을 물리쳤고, 죽기 직전에도 "내가 본 것의 절반은 쓰지 않았어. 사람들이 내 말을 믿지 않을 거라 생각했으니까"라고 주장했기 때문이다. 이는 아직도 풀리지 않는 역사적 미스터리 중 하나이다.

폴로는 베니스의 번성한 여행가이자 상인 가문에서 태어난 인물로 알려져 있다. 그는 1271년 17세의 나이에 아버지 니콜로Niccolò와 삼촌 마페오Maffeo 일행을 따라 중국으로 떠났다고 한다. 그는 자신들이 칸의 궁궐에 입장을 윤허 받은 최초의 유럽인이었다고 주장했다. 이 때, 칸은 쿠빌라이 칸을 말한다. 이 몽골 제국의 군주는 같은 해에 현재의 중국 북부 지역까지 세력을 확장하였고, 1279년에 중국의 나머지까지 정복함으로써 원元 왕조를 수립한다. 폴로는 자신이 쿠빌라이 칸의 신임을 받는 친구였기에, 칸의 개인 인장 사본을 가지고 여러 곳을 두루 다니며 다양한 외교적 임무를 수행했다고 했다. 그는 당시 20대 후반에 불과했는데도, 칸이 기독교에 관심을 갖자 칸과 교황 그레고리 10세 Pope Gregory X 사이의 중재자 역할까지 맡았고, 3년 동안 양저우揚州 시를 통치한 적도 있다고 했다.

실제로 폴로 집안의 사람들이 그렇게까지 멀리 갔다고 쳐도, 칸을 알현한 최초의 유럽인 혹은 이탈리아인은 그들이 아니었다. 폴로가 태어나기 8년 전인 1246년에, 이탈리아 중부 움브리아Umbria 출신인 지오반니 다 피안 델 카르핀Giovanni da Pian del Carpine 이 이미 교황 인노첸시오 4세Pope Innocent IV 의 친선 서신을 가지고 징기스칸의 손자 귀위크 칸Güyük Khan 을 알현한 적이 있다. 귀위크는 기독교를 받아들이라는 카르핀의 청을 거절하면서, 오히려 교황과 모든 서역 지도자들이 자신에게 충성을 맹세할 것을 기대한다고 답했다. 그런 다음 귀위크는 인노첸시오 4세가 불분명하게 이해하는 용어가 없도록, 몽고어, 아랍어, 라틴어로 사본을 만든 편지와 함께 그를 돌려보냈다. 마르코가 태어난 해인 1254년에는 플랜더스의 탐험가이자 선교사인 루부룩의 윌리엄William of Rubruck 이 바투 칸Batu Khan 과 몽케 칸Möngke Khan 을 만난 뒤 40쪽 짜리 책인 『루부룩의 윌리엄 동방 여행기The Journey of William of Rubruck to the Eastern Parts of the World』를 펴냈다.

이 책은 당대의 베스트셀러가 되었고, 아직도 중세 지리학 문헌의
걸작으로 인정받고 있다. 사실은 이 책이 재정적으로 성공하는 것을
보고 폴로도 출간에 도전했을 가능성이 높다.

폴로는 자기 가문이 베니스에서 부와 명성을 누렸다고 허풍을 떨
었다. 그가 나중에 상당한 부를 축적하긴 했지만, 사실 그의 가문은
대단치 않은 장사치들이었다. 그가 칸과 교황을 중재했다는 주장에
대해서도, 중국 쪽이나 바티칸 쪽에 그 접촉을 확인해 주는 기록은
전혀 없다. 마찬가지로 양저우시의 기록에도 그의 통치에 관한 언급
은 없다.

그가 중국의 주변을 여기저기 여행했다고 하는 이야기들조차 심
각한 의문점들을 제기한다. 그가 여행을 다녔다는 지역들을 가기 위
해 소요된 시간이, 이미 알려져 있는 거리나 다른 이들이 충분히 입
증한 기록들과 일치하지 않기 때문이다. 또한, 중국에서 17년 동안
머물렀다는 그의 주장에도 불구하고, 그는 당대 칸의 영토에서 사용
되던 언어에 친숙하다는 사실을 조금도 보여주지 못하고 있다. 따라
서 그가 참여했다고 주장하는 외교적 논의를 이끌었을 가능성은 거
의 보이지 않는다. 게다가 그는 책 안에서 현지인들이 선호하는 명
칭들을 사용하지 않고 페르시아어 명칭들만을 사용하고 있다.

중국의 중요 지역들의 위치와 관련하여 그가 알고 있던 지식에
도 허점이 있다. 그가 도자기 제조와 초기 중국 목판술의 중심지였
던 푸젠福建에 살았다는 주장에도 불구하고, 그의 묘사 내용에는 혼

크로아티아에서 베니스로 이주한 폴로 가문

마르코 폴로의 삶을 둘러싸고 있는 의혹을 감안하면, 그 가문의 출신지조차 불확실하다는 사실은 별로 놀랍지 않다. 일부 출처에 따르면, 그들은 오늘날의 크로아티아 지방에서 베니스로 이주해온 것으로 보인다.

어떤 역사학자들은 이 가문이 원래 코르출라섬Korčula의 상인이었다고 주장한다. 이 섬은 지금은 크로아티아에 속해 있지만, 13세기에는 베니스 공화국 소속이었다. 원래는 '필릭Pilić'이라는 이름의 이 가문은 베니스로 이주한 뒤 라틴식의 '폴로'로 개명했다. '필릭'과 '폴로'는 어원적으로 크로아티아어와 이탈리아어에서 닭고기를 나타내는 단어들로 연결된다.

코르출라의 시내에는 마르코 폴로의 생가로 여겨지는 집이 있다. 현재 이 건물은 이를 박물관으로 바꿀 계획에 있는 지방 정부의 보호를 받고 있다.

란과 오류가 존재한다. 그는 훌륭한 도자기 생산지가 틴구이Tingui라는 존재하지도 않는 도시에 있었다는 말만 하고, 유럽에서 사용되기 한참 전이었던 목판술의 사용에 대해서는 말하지 않는다. 중국인들이 죽간竹竿에 글을 새기던 시대부터 발전해온 서예에 대해서도 언급하지 않고 있다. 이 책의 어느 곳에도, 중국에서는 석탄이 비싸고 땔감이 부족하여 음식을 깍둑썰기한 다음 작은 불 위의 웍에서 빨리

볶는 요리를 좋아한다는 언급도 없다. 중국인의 주식인 면 요리와 다진 고기를 소로 넣는 작은 만두가, 이탈리아의 파스타나 라비올리와 놀라울 정도로 유사하다는 점도 언급하고 있지 않다.

그 무렵에는 중국인들에게 다도가 유행이었는데, 차에 대해서도 빠뜨리고 있다. 특히, 당시의 중국인 관리들은 손님을 집에서 대접하기보다는, 찻집으로 데리고 갔기 때문에 이 점은 특히 이상하다. 폴로가 그의 주장대로 칸의 관리였다면, 그는 다른 관리들로부터 그런 초대를 많이 받았을 것이고, 상대방도 폴로에게서 초대받고자 했을 것이다. 차를 준비하여 건네주고 마시는 정중한 다도 의식은 폴로 정도의 지위에 있는 이라면 놓칠 수 없는 일이었다. 만리장성이 그가 통치했다고 주장하는 양저우시 북쪽까지 뻗어 있음에도 불구하고, 이 거대한 기념물 역시 그의 펜은 놓치고 있다. 이 역시 뜻밖이다. 그의 중국 여행 경로 중 하나가 실크로드였다고 하는데, 이 길을 따라가려면 만리장성의 장엄한 성문들을 통과해야 하기 때문이다. 그는 전족, 젓가락, 당시 중국인이 먹던 아이스크림 얘기도 하지 않았고, 칸이 왕궁 밖 강에서 훈련시킨 가마우지 새들이 하늘에서 쏜살같이 내려와 물고기를 잡아다주었다는 당시 그 지역의 유명한 구경거리도 얘기하지 않았다. 현대의 여행객들도 이 인간과 새 사이의 기생적인 공생 관계에 대해 놀라는데, 폴로의 펜은 이에 대해 전혀 무관심하다.

폴로는 베이징 대교Great Bridge에 대해 자세히 설명하면서, 자신이 그 앞에 서서 24개의 아치를 셌다고 주장한다. 그러나 그 아치의 수는 많아야 그 반절이다. 장쑤성江蘇省 쑤저우시苏州市를 방문한 이야기에도 비슷한 문제가 있다. 쑤저우시는 중국에서 가장 아름다운 곳으로 꼽힐 정도로 모든 이가 그곳의 독특한 건축물들에 탄성을 지른다. 그런데 폴로는 이 멋진 도시가 생강과 대황의 유명한 유통 중심지여서 늘 상업이 번성했다는 단 한 줄의 소개로 일축해 버린다.

폴로의 역사적 오류 가운데 하나는, 그가 투석기를 만드는 이탈리아의 노하우를 전해 칸의 샹양襄陽 공성전을 성공적으로 매듭짓게 해 주었다는 주장이다. 중국의 기록에는, 투석기가 실제로 이 공성전에 사용되기는 했지만 페르시아 기술자들에 의해 만들어졌고, 샹양의 분쟁도 폴로가 처음 중국 땅에 들어갔다고 하는 때보다 1년 전에 끝난 것으로 나와 있다. 폴로는 칸이 1274년과 1281년에 일본에 대항하여 함대를 파견하는 것을 전방에서 직접 보았다고 주장했다. 그는 함선들이 돛을 5개씩 달고 있었다고 묘사했고(사실은 3개씩이었다), 첫 번째 파견대는 일본 해안 인근에서 태풍에 좌초되었다고 탄식했다. 하지만 이는 사실 1281년의 파견대가 맞은 운명이었다. 당시 이를 감사히 여긴 일본인들은 그 태풍을 카미카제, 즉 '신풍神風'(신이 일으킨 바람)이라고 불렀다.

그 기간의 어떤 중국 기록에도 그의 이름이 전혀 등장하지 않는 것으로 보아, 마르코 폴로가 그 나라 땅을 밟았을 가능성은 거의 없다. 많은 역사가들은 폴로가 흑해보다 더 멀리 나간 적이 없으며, 흑해 근해에서 동방국들을 상대로 돈을 벌면서, 거기서 만난 이들에게서 주워들은 이야기를 쓴 것이라고 주장한다.

사기꾼이라 그런 것인지, 그의 사망일조차도 알쏭달쏭하다. 당시 베니스의 법에는 하루가 일몰과 함께 끝나는 것으로 정해져 있었기 때문에, 그가 1324년 1월 8일에 죽었는지 9일에 죽었는지 분명하지 않다. 1323년의 마지막 몇 개월 동안 건강 악화로 시달리던 폴로는 자신의 모든 신변을 정리하면서 상당한 유산을 가족과 여러 종교 단체에 남긴다는 유언을 한다. 그뿐 아니라, 자신과 자신의 재산에 대한 부채마저도 무효화 한다고 선언했다. 흥미롭게도, 당시 교황청은 모든 이가 사망할 때 그들 재산의 1%를 거둘 권한이 있었다. 탐욕스러운 성직자들이 눈을 희번덕이며 그의 모든 재산 목록을 상세하게 작성해 두었는데 그 꼼꼼한 목록 가운데 그 주인을 중국과 연관시켜 주는 물건은 하나도 없었다. 중세의 유럽과는 매혹적으로 다른 중국에서 17년을 보냈으면서, 어떻게 중국 물건을 하나도 집에 안 가져올 수 있었는지 상상이 가는가?

아메리카 대륙에는 누가 처음 갔을까?

○
●

학교에서는 ─ 특히 미국의 학교에서는 ─ 여전히 제노바의 탐험가 크리스토퍼 콜럼버스Christopher Columbus가 스페인 왕실의 위임을 받아 1492년에 아메리카 대륙을 발견했고, 대륙의 이름은 그의 동시대인인 아메리고 베스푸치Amerigo Vespucci를 기려 붙여졌다고 가르친다. 미국인들은 아직도 도시 이름에서 우주 비행에 이르기까지 모든 곳에 '콜럼버스'라는 이름을 사용할 만큼 이 인물을 매우 중요시한다. 하지만 그는 아메리카 땅을 밟아 본 적도 없다. 따라서 이런 현상은 의아하기만 하다.

역설적으로 들리겠지만, 아메리카를 처음 '발견한' 이들은 사실 러시아인들이었다. 2,000여 년 전만 해도 러시아와 알래스카가 연결돼 있었기 때문에 시베리아 부족들이 아메리카 땅을 쉽게 거닐었다.

다음으로 콜럼버스를 앞선 후보는 아마 홋카이도의 토착 일본인 아이누Ainu족일 것이다(아이누족은 시베리아에도 살고 있었기 때문에 그곳에서 쉽게 아메리카로 이동해 갔을 것이다). 그 다음으로 체구는 작지만 훨씬 공격적이었던 폴리네시아인들이 등장한다. 레이프 에릭손Leif Erikson(970년-1020년에 살았던 아이슬란드의 탐험가)의 바이킹들도 콜럼버스와 각축을 벌인다.

콜럼버스—4차례의 항해를 통해 부분적으로나마 카리브해와 중앙아메리카 해안까지 실제로 도달한 적은 있다—와는 달리, 포르투갈의 위임을 받아 항해를 떠났던 피렌체의 탐험가 아메리고 베스푸치는 아메리카까지 네 차례 가보았다고 주장했다. 하지만 실제 아메리카까지 간 건 두 차례에 불과했다. 첫 번째와 네 번째 항해는 그의 머릿속에서만 떠난 것이었다. 1499년과 1501년의 '두 번째'와 '세 번째' 항해에서—실제로는 첫 번째와 두 번째 항해인—베스푸치는 실제로 위험을 무릅쓰고 카리브해보다 더 멀리 가다가, 남아메리카의 북쪽에 닿았고, 그 다음엔 대륙의 동해안을 따라 리우 데 자네이루만Bay of Rio de Janeiro의 남쪽까지 따라 내려갔다. 그는 남쪽으로 더 내려가서 현재의 파타고니아Patagonia까지 가 보았다고 주장하지만, 소문난 허풍쟁이인 그의 말을 믿는 사람은 없었다. 1507년에 독일의 지도 제작자 마틴 발트뮐러Martin Waldseemüller가 베스푸치의 기록과 그림을 토대로 남아메리카 지도를 만들게 되는데, 여기에서 '아메리카'라는 지명이 처음 사용된다. 발트뮐러의 기록에 따르면, 이는 베

스푸치의 이름에서 영감을 얻은 것으로 추정된다. 발트뮐러가 이 신대륙을 그린 다른 지도들에서 그 지명을 보고 선례를 따랐을 거라는 추측도 가능하지만, 이 지도의 이후 발행본에는 '아메리카'가 '미지의 땅Terra Incognita'으로 바뀌었다.

　지명의 주인공일 가능성이 높아 보이는 인물은 좀 덜 알려진 부유한 브리스틀Bristol 상인 로버트 아메리크Robert Amerike 이다. 아메리크는 1497년 5월에 존 캐봇John Cabot 이 래브라도Labrador 에 도착했을 때 타고 간 마태오Matthew 선을 후원했다. 베스푸치보다 2년 먼저 신대륙에 도착한 캐봇은 노바 스코셔Nova Scotia 에서 뉴펀들랜드Newfoundland 까지 북아메리카 해안선을 탐사했다. 따라서 신대륙의 지명은 오랜 전통에 따라, 캐봇의 후원자인 로버트 아메리크의 성이 붙여진 것이다.

지명을 정하는 전통을 살펴보는 것이 이 이야기에 힘을 실어주는 이유는, 탐험가나 후원자의 이름이 — 성이 아닌 — 지명이 된 예가 거의 없기 때문이다. 17세기 초반에 헨리 허드슨Henry Hudson이 현재의 뉴욕이 된 지역에서 새로운 강을 발견했을 때, 그 강은 헨리강이 아닌 허드슨강이라고 불렸다. 따라서 아메리카 지명의 영예가 아메리고 베스푸치의 자격 없는 어깨에 올라간다면, 신대륙은 아메리카가 아닌 베스푸치로 불려야 될 것이다. 더구나, 북아메리카에 가 보지도 않은 이들은 그런 후보가 될 수 없다. 그렇다면 가 본 사람들 중에는 누가 적합할까?

시베리아인이 북아메리카에 발을 내딛고 약 1만 년이 지난 후, 신대륙에 우연히 발이 닿은 게 아닌 여행을 갔던 최초의 사람들은 일본 북부와 시베리아의 원주민이던 아이누족이었다. 일본은 알류샨 열도Aleutian Islands의 띠를 따라 쭉 올라가면 알래스카와 연결되어 있다. 이 열도는 지구의 서반구와 동반구를 나누는 본초 자오선 180도 위에서 시작되어 쭉 올라가기 때문에, 미국의 최서단, 최동단, 최북단 주들이 모두 이 열도에 들어간다. 알류샨 열도에서 가장 아래로 멀리 있는 아투섬Attu은 알래스카에서 무려 16,000km 정도 떨어져 있고, 일본과도 거의 똑같은 거리만큼 떨어져 있는데, 이 섬은 일본에서 북아메리카 본토로 이어지는 첫 번째 징검다리 역할을 한다.

일본의 원주민이 아투섬을 향해 노를 저어 신대륙으로 갔는지, 아니면 시베리아의 아이누족이 북쪽 연결 지대를 넘어 신대륙으로 갔는지에 대한 논쟁이 있었다. 하지만, 이 논쟁은 1996년 7월 28일 워싱턴주 케너윅Kennewick 을 흐르는 컬럼비아강의 왈룰라 호수Lake Wallula 유역에서 거의 완전한 형태로 발견된 해골로 인해 종지부를 찍는다. 이 케너윅맨Kennewick Man 은 탄소 측정에 의해 약 9,000년의 것으로 인정되었고, 그의 조상이 아이누족의 조상과 매우 유사하다는 사실도 밝혀졌다.

북아메리카인 무덤 보호 및 송환 단체The North American Graves Protection and Repatriation 에서는 보관을 위해 유골을 그 지역 부족들에게 양도해야 한다고 주장했다. 그러나 당시 발굴에 참여했던 인류학·고생물학 단체들은 정부에 압력을 가하여 그런 움직임에 맞섰다. 케너윅맨을 양도한다면 케너윅맨은 아메리카 원주민으로 영원히 표시될 것이고, 자기들은 그 유골에 접근하지 못하게 되어 이 미스터리에 대한 연구를 하기 어려워진다는 것을 알고 있었기 때문이다. 중간에서 난처해진 정부는 유해가 발견된 땅이 미 육군 소유지므로 그들이 보관해야 한다는 결론을 내려 발뺌했지만, 이 조처는 당시 아무에게도 환영받지 못했다. 그러다 2015년에 코펜하겐 대학University of Copenhagen 에서 제공한 연구가 모두에게 일종의 승리를 안겨주었다. 그들은 DNA 테스트를 통해, 그 유골이 워싱턴주의 미 원주민들과 확실한 유사성을 보여주고 있으므로, 실제 연결고리가 존재한다고 밝혔다. 하지만 아이누족 역시 아메리카 대륙으로 9,000년 전에 이주해 왔기 때문에, 이는 양날검의 발표가 되었다. 대륙에 살았던 모든 초기 종족들이 뒤섞이는 것은 당연하므로, 케너윅맨이 발견된 지역 주민들의 DNA 추적에서도 초기 종족들과의 유전적 유사점을 기대할 수 있다. 그리고 어쨌든, 그가 혼자 몸으로 케너윅에 도착했을 가능성은 낮다. 그렇다면 코펜하겐 대학은 그가 어떤 집단과 함께 그곳에 도착했을지는 밝혀주지 않고 절반의 해답만 준 것이다.

그 다음으로 북아메리카에 정착하여 그곳을 식민지로 만든 이들은 진정한 의미에서 아메리카에 도달한 최초의 유럽인인 10세기의 바이킹들이었다. 그들은 그린란드Greenland 세력 기반에서 떨어져 나와 레이프 에릭슨의 지휘하에 롱십longship[26] 함대를 이끌고 항해에 나섰다. 그러다 AD 1000년에 뉴펀들랜드Newfoundland 북단에 도착하여, 현재 랑스 오 메도즈L'Anse aux Meadows 지역에 정착했다. 이때부터 바이킹들은 북아메리카 본토로 이주하여 이후 수십 년 동안 더욱 많은 정착촌들을 일구었다. 2017년에는 뉴욕주 허드슨강 유역의 미니스체옹고 시내Minisceongo Creek에서 바이킹 마을로 보이는 곳이 발견되었고, 이로써 바이킹들이 뉴잉글랜드의 남단까지 영향력을 뻗쳤다는 사실이 입증되었다. 이 시기는 콜럼버스가 미국에 도착하기

---

26 바이킹들이 쓰던 길고 좁다란 배.

인도로 가는 지름길

콜럼버스는 대단한 해양 탐험가가 아니었다. 그는 세계를 실제 크기의 절반 정도로 생각했다. 마음 깊이 이런 오해를 품고 있었던 그가 1492년에 서쪽으로 항해한 것도 인도와 동방으로 가는 지름길을 찾기 위해서였다. 그는 카리브해에 도착했을 때 자신이 인도에 도착한 것으로 확신했다. 그렇게 해서, 서인도 제도라는 명칭을 사용하거나 미 원주민을 인디언으로 부르는 터무니없는 일들이 벌어졌다.

콜럼버스의 항해로 지구가 평평하지 않고 둥글다는 사실이 입증되었다는 주장과 관련하여 말하자면, 이는 미국의 풍자가 워싱턴 어빙Washington Irving이 자신의 『크리스토퍼 콜럼버스의 생애와 항해A History of the Life and Voyages of Christopher Columbus』(1828)에서 지어낸 것이다. 이 책에서 어빙은, 살라망카Salamanca(스페인 서부에 있는 도시)에서 소집된 스페인 의회에서 콜럼버스가 땅끝까지 항해해 가다 떨어져 죽을 거라는 근거로 그에 대한 자금 지원을 반대했다고 주장한다.

사실 그 당시에 세계가 평평하다고 생각하는 이들은 없었다. 살라망카 의회가 제기한 문제는 콜럼버스가 추정한 세계의 크기에 대해서였다. 나중에 드러났지만, 그들은 옳았고, 그는 틀렸다.

거의 반세기 전이다. 따라서 진짜 미스터리는 어떻게 콜럼버스가 신대륙 발견에 대한 모든 영예를 거머쥐었는가 하는 것이다. 그에 대한 답은 당시 영국과 신흥국 미국 사이에 대서양을 가로질러 피어오르던 적대관계에서 찾을 수 있다.

대서양의 어느 쪽에 살고 있느냐에 따라, 부르는 명칭은 다르겠지만 미국 독립 전쟁American War of Independence 또는 미국 혁명American Revolution 으로 불리는 1775년과 1783년 사이의 전쟁이 끝난 후, 미국은 영국과 관련된 사람이나 일을 모두 피했다. '마스터master' 같은 단어가 네덜란드어에서 파생된 '보스boss'에 자리를 내주고, 흰 가발을 쓰고 대중 앞에 나설 정도로 어리석은 자들은 언어적으로든 물리적으로든 적개심의 대상이 되었다. 혁명 후 미국은 시베리아인, 일본인 원주민, 바이킹 등의 발견을 등한시하며, 영국인이 아닌 콜럼버스와 영국의 지원을 받았던 존 캐봇 사이에서 신대륙을 발견한 주인공을 결정하려 했다. 승자는 미국 해안 근처에도 가지 못한 콜럼버스가 되었고, 독립전쟁을 통해 혐오하는 영국으로부터 자신들을 분리하게 된 미국 혁명가들은, 자신들의 나라를 콜럼버스의 영토, 콜럼비아라고 불렀다.

그들은 19세기 초에 미국 의회가 첫 회의를 열었던 워싱턴을 전후 시대의 새로운 수도로 확보해 두고서, 그곳에 '콜럼비아 특별구District of Columbia'라는 명칭을 붙였다. 이 새 의회는 새로운 국가 정체성을 지닌 채로 영국 왕실과 거리를 두기를 간절히 원했기에, 구세계 질서를 털어내고 독립된 미래를 추구하고자 항해에 나섰던 이로 콜럼버스를 승격시켰다. 그렇게 모든 것이 '콜럼비아화'되었다.

1754년 조지 2세George II에 의해 세워졌던 뉴욕의 킹스 칼리지King's College는 콜럼비아 대학Columbia University으로 개명되었고, 조셉 홉킨슨Joseph Hopkinson의 '콜럼비아 만세Hail Columbia'는 전후 이 신생국의 첫 번째 국가 행사였던 1942년 콜럼버스의 항해 300주년 기념행사에서 불리면서 사실상의 국가國歌가 되었다.

캐봇을 비롯한 다른 모든 경쟁자가 미국인들의 기준에 부합하지 않아 탈락하게 되자, 콜럼버스는 카톨릭 교단인 콜럼버스 기사단the Knights of Columbus 같은 곳에서 추진력을 얻어 계속 그 대세를 이어나갔다. 1800년대에 미국의 '남성 기독교인' 단체로 출범한 이 교단은 10월 12일을 '콜럼버스의 날Columbus Day'로 지정하는 일에도 성공했다. 그러나 자신이 '발견한' 섬의 주민들을 살육하고 노예로 전락시킨 죄로 족쇄를 차고 본국으로 송환되었던 콜럼버스의 잔학 행위들이 알려지자, 그의 명예가 허울을 벗게 되었다.

아이티Haiti 섬의 경우, 콜럼버스가 1492년에 도착할 당시만 해도 약 50만이라는 상당한 인구의 아라왁족Arawaks이 살고 있었지만, 2년이 지나자 절반 이상이 죽거나 옥에 갇혔다. 이와 더불어, 그가 자신이 요구하는 금 징수금을 내지 못하는 지역민들에게 윤간과 신체 훼손의 범죄를 저질렀다는 사실도 함께 알려지면서, 최근 미국에서는 그의 기념일에 실시하는 행사가 꾸준하게 취소되고 있는 상황이다. 현재 21개 주에서는 기념일 축제를 완전히 무시하고 있으며, 나머지 29개 주에서도 대부분 10월 12일을 원주민의 날Indigenous

Peoples' Day로 바꾸어 준수하기로 선택하고 있다. 1964년에 미 의회는
린든 B. 존슨Lyndon B. Johnson 대통령에게 10월 9일을 '레이프 에릭손
의 날Leif Erikson Day'로 선포하도록 요청하는 공식 제출서를 전달했
다. 이 제출서가 작성될 당시, 뉴욕 시민들은 센트럴 파크에서 콜럼
버스 동상을 없애달라고 뉴욕 시장 빌 드 블라시오Bill de Blasio에게 요
청하는 상당히 많은 시위들을 벌였다.

호주를 처음 발견한 사람은 누구일까?

○
●

탐험가가 어떤 광활한 땅덩이에 최초로 발을 들여 놓았다는 사실을 인정할 때 —특히 영국의— 역사책들이 정말로 의미하는 것은, 그곳에 도착한 최초의 백인이다. 아무나 붙잡고서 호주를 최초로 발견한 사람이 누구냐고 물어보면, 거의 '제임스 쿡 선장Captain Cook'이라고 자신 있게 답할 것이다. 하지만 호주 대륙을 진짜 최초로 발견한 이들은 최소 4만 년 정도 앞서는 아프리카 여행자들이었다. 말하자면, 호주 토착민들Australian Aborigines[27]은 고향을 떠나온 아프리카인들의 자손들이다. 그들의 DNA 안에는 원시적인 뗏목에 올라 인도,

---

27 '애보리진'이라고도 부른다.

말레이시아, 보르네오를 거쳐 호주의 북동부에 도착한 뒤 1,000km
에 달하는 마지막 장정으로 티모르섬Timor까지 올라갔던 조상들의
흔적들이 뒤섞여 있다.

기원전 338년의 기록에 보면, 베이징의 황제 동물원에서 캥거
루를 전시했다는 얘기가 나온다. 호주의 동부 해안선 지도가 그려
져 있는 2,000년 된 중국 화병도 있다. 이와 같은 사실에서 알 수 있
듯, 고대 중국인들도 호주를 자주 방문했다. 중국에서 호주를 본격
적으로 처음 탐사한 것은 1422년, 정화鄭和 장군에 의해서였다. 그
는 군대를 둘로 나누어 호주의 동해안과 서해안을 동시에 탐사했다.
이 중국인들이 오기 5,000년 전에 이미 아시아의 다른 많은 지역에
서 사냥꾼 겸 상인들이 자기 나라의 사냥견들을 데리고 들어왔으며,
그중 야생으로 도주한 일부 개들이 오늘날 우리가 알고 있는 딩고
dingo[28]로 진화했다.

유럽인들이 들어온 것은 한참 후였다. 그중 최초의 유럽인은 거의
알려져 있지 않은 빌렘 얀스존Willem Janszoon(1570-1630)이다. 이 네
덜란드인은 1606년 2월 26일에 호주 북부에 있는 케이프 요크Cape
York 서부 해안의 펜파더Pennefather강에 잠시 닻을 내리려고 오늘날
의 카펜테리아만Carpentaria으로 배를 몰고 들어갔다고 한다. 그는 그

---

28 호주에 서식하는 들개.

곳에 임시 주둔지를 만든 다음 수백 킬로미터에 달하는 해안선의 지도를 그리기 시작했는데, 결국 현지인들의 알 수 없는 적대감에 부딪혀 주둔을 포기해야 했다. 반면 현지에서 전해지는 이야기에 따르면, 그 네덜란드 침입자들이 현지 여성들을 납치하는가 하면, 현지 남성들에게도 강제로 사냥과 노동을 시켰기 때문에 그런 적대 행위를 하게 되었다고 한다.

다음으로 호주에 왔던 사람은 1616년에 호주 서부의 샤크베이 Shark's Bay 지역으로 항해했던 네덜란드인 더크 하르트그Dirk Hartog였

제임스 쿡 선장

제임스 쿡이 호주의 발견자라고 주장할 수는 없지만, 그는 18세기 최고의 탐험가, 지도 제작자, 항해자였고, 중요한 항해를 세 차례나 실시한 인물이었다. 1776년과 1779년 사이에 있었던 최후의 항해에서, 그는 하와이 원주민들과 접촉한 최초의 유럽인이 되었다. 쿡은 하와이인들이 자신들의 물자와 구명정을 훔쳐갈 거라고 의심하여 해안을 치고 들어가 섬의 왕을 인질로 삼으려다 해안에 남아 있던 무리와 함께 하와이인들의 몽둥이에 맞아 죽게 된다. 쿡의 시신은 해변의 구덩이 속에서 구이가 되어버렸고, 이후 유해는 전함 HMS 레졸루션HMS Resolution호의 선원들에게 반환되어 바다에 묻혔다.

다. 하르트그는 얀스존Janszoon이 추정했던 것과는 달리 호주가 단순한 섬이 아니라 대륙이라고 인정한 최초의 인물이었다. 1644년에는 타스 마니아호Tasmania에 이름을 빌려준 네덜란드인 아벨 타스만Abel Tasman이 호주 북부 해안을 대부분 탐사하고 난 뒤 지도를 작성했다. 이 네덜란드인이 제임스 쿡James Cook(1728-1779)이 태어나기 1세기 전에 벌써 뉴홀랜드New Holland라는 이 땅의 지도를 만들고 정착지를 구축한 것이다. 호주인들은 호주 땅을 밟은 최초의 유럽인이 얀스존이라고 인식하고 있으며, 현재 퍼스Perth에 있는 그의 배 두이프켄호 Duyfken ― 작은 비둘기라는 뜻 ― 의 복제품은 그의 상륙을 기념하기 위한 것이다.

네덜란드인들이 새로운 섬을 인수했다는 사실에 관심을 가진 최초의 영국인은 흉악한 사략선[29] 선장 윌리엄 댐피어William Dampier (1651-1715)였다. 그는 호주의 서해안인 킹 사운드King Sound 근처에 상륙했다가 런던으로 돌아와 자신이 발견한 것들을 해군에 보고했다. 이후 1699년 1월에는 전함 HMS 로벅HMS Roebuck호의 지휘권을 받고 다시 와서 호주의 서쪽 해안 1,500km의 지도를 작성했다. 따라서 1768년에 실시된 제임스 쿡의 항해 전에는 호주의 존재를 알고 있던 영국인이 아무도 없었다는 주장들은 터무니없다.

---

29 교전국의 선박을 공격할 수 있는 권한을 정부로부터 인정받은 민간 소유의 무장 선박.

1768년에 중위 —당시는 대위가 아닌— 쿡은 왕립 학회Royal Society에 채용되어 타이티섬으로 가던 중 금성이 그 섬 위로 지나가는 장면 —1769년 6월 3일로 예고되었던— 을 기록했다. 그는 그곳을 지나 계속 남서부 방향으로 항해해 가다가 1642년과 1643년에 걸쳐 아벨 타스먼Abel Tasman이 처음으로 뉴질랜드를 탐험하여 만든 지도를 확인한 다음, 그곳이 섬인지 대륙인지를 밝혀냈다. 쿡은 주의 깊고 세밀한 작업을 통해, 타스먼이 발견한 곳이 실은 섬이고 호주 대륙의 일부가 아니라는 사실을 입증해냈다. 그 다음에, 쿡은 자기의 의지로 계속 항해하다가 1770년 4월 19일에 호주의 동남부 해안을 발견하게 되었다. 그는 그 해안을 따라 북쪽으로 올라가다가 그레이트 배리어 리프Great Barrier Reef[30]에서 배가 모두 좌초될 뻔한 사고를 간신히 피했다. 쿡이 용감한 항해자였고 꼼꼼한 지도 제작자였다는 사실에는 반박의 여지가 없다. 하지만 그가 어떻게 호주 발견에 대한 영예를 얀스존으로부터 빼앗아 갔는지는 미스터리이지 않은가? 당시 영국인들은 네덜란드인들과 치열하게 경쟁하면서 자주 전쟁을 벌였기 때문에, 역사서들 안에 그저 '요리하듯' 쿡을 최초의 발견자 자리에 집어넣고, 네덜란드인인 얀스존은 빼버린 것이다. 영국인들 중 다른 유일한 후보자는 오만불손한 해적 윌리엄 댐피어였지만,

---

30 둘레가 2,300km에 달하는 세계에서 가장 거대한 산호초.

그를 그런 자리에 앉힐 수는 없었다. 더구나 그는 왕립 해군의 장교도 아니었다. 댐피어는 악명 높은 성격으로 『로빈슨 크루소Robinson Crusoe』(1719) 이야기에 영감을 주어 다른 쪽에서 유명해졌다.

1704년에 댐피어는 싱크포츠호Cinque Ports의 선장 토머스 스트래들링Thomas Stradling과 손을 잡고 세인트 조지호St George의 지휘권을 맡아 칠레 해안을 떠나 또다시 해적 길에 올랐다. 댐피어의 성미 때문에 이 둘 사이에는 불화가 생겼고, 결국 두 배는 각자의 길을 가게 된다. 이후, 스트래들링의 배에서 그와 선원 알렉산더 셀커크Alexander

Selkirk 사이에 다시 싸움이 일어났다. 원래 셀커크는 교회 안에서 추잡한 행위를 한 죄로 파이프Fife[31]에서 처형을 당할 처지였는데, 이를 피하려고 바다로 도망쳐 왔다. 셀커크는 홧김에 다음 육지에서 내려 달라 말했고, 후안 페르난데스Juan Fernández의 무인도에 도착해 여기에서 5년을 지낸다. 그 후, 1709년 2월 1일에 듀크Duke선의 우즈 로저스Woodes Rogers 선장이 담수를 찾아 이 무인도에 배를 댔다. 셀커크는 구조될 희망에 부풀었지만, 그 기대는 금세 사그라들었다. 듀크선의 구명정이 다가올 때 옛 친구 댐피어가 저편에서 으르렁거리고 있는 모습이 보였기 때문이다. 셀커크는 자기 섬으로 되돌려 보내 달라고 요구했지만, 결국에는 회유되어 잉글랜드행 듀크선에 올랐다. 다니엘 디포Daniel Defoe는 이 이야기에 영감을 받아 『로빈슨 크루소』를 쓰게 된다.

---

31 영국 스코틀랜드 동부의 주.

바운티호 반란과 블라이의 실체

○
●

수많은 영화와 드라마에서 실성한 사디스트로 묘사되고 있는 전함 HMS 바운티호의 선장 윌리엄 블라이William Bligh는 사실 장년의 대위가 아닌 34살의 중위였고, 개조된 상선인 HMAV 바운티호를 이끌었다. 1787년에 타이티섬으로 파견된 바운티호의 파견 목적은 빵나무가 서인도 제도 노예를 위한 값싸고 지속 가능한 자원이 될 수 있는지를 확인하기 위한 것이었다. 전해지는 이야기에 따르면 블라이는 배 위에서 독단적이고 절대적인 권력을 휘둘렀으며, 배를 개인적이고 가학적인 영지 정도로 취급했다. 점잖은 일등 항해사first mate 플레처 크리스천Fletcher Christian이 어느 정도 막아주기는 했지만, 점점 미쳐 날뛰는 블라이의 행동을 저지할 수 없게 되었고, 결국 선원들은 어쩔 수 없이 영국 해군 역사상 가장 유명한 반란을 일으킬 수밖에 없었다고 묘사된다.

사실 플레처 크리스천은 주제 넘는 성격의 까탈스러운 허세꾼이었다. 그는 그전에도 블라이 밑에서 항해한 적이 있었기에, 타이티행 원정도 같이 가고 싶어 했다. 그와 마찬가지로 함께 가고 싶었던 블라이는 해군 위원회에 그를 항해사Master's Mate로 임명해 달라는 서한을 제출했지만, 위원회는 크리스천의 복무 기간이 짧아 서열에 못 미친다는 이유로, 존 프라이어John Fryer를 그 대신 임명했다. 그러나 운항 중간에 블라이는 프라이어의 능력이 부족하다는 이유로 일등 항해사 자리를 크리스천으로 교체하고, 그를 중위 대행으로까지 승진시켰다. 따라서 그때까지만 해도 이 둘 사이에는 갈등이 없었던 것으로 보인다.

블라이에게 가학적인 성향이 있어서 사람들이 거의 죽을 지경까지 매질 당하는 모습을 보면 동성애적인 희열을 느꼈다고 하는데, 이는 터무니없는 소리이다. 앞에서 언급한 영화들은 그가 부하들을 밧줄에 묶어 배 밑으로 끌고 가는 장면을 통해 이 인물을 훼손하고 있다. 하지만, 그런 관행은 크리스천이나 블라이가 태어나기 몇십 년 전인 1720년경에 이미 영국 해군들에 의해 폐기되었다.

사실 당시 반란 중에 블라이 편에 섰던 이들의 모든 기록과 증언에 따르면, 그는 꼭 필요할 때 채찍에 손을 대긴 했지만 대개는 매우 관대했던 것으로 드러났다. 그는 원정을 가는 도중에 비나 눈을 맞으며 망을 보다 들어오는 선원들에게 자주 자신의 선실을 내주었

다. 이는 가학적이고 잔인한 행동과는 거리가 멀다. 바운티호가 타이티섬에 도착하자, 선원들은 빵나무 열매를 수확할 임무를 띠고 있는데도, 안락한 천국과 현지 여성들과의 자유로운 성적 접촉의 유혹에 넘어가 버렸다. 그러다 선원 중 세 명 ― 찰스 처칠Charles Churchill, 존 밀워드John Millward, 윌리엄 바운티William Bounty ― 이 바운티호가 출발할 때 섬에 몰래 남아 숨어버리는 일이 발생한다. 블라이는 그들을 생포했지만, 그런 유혹에 빠질 수도 있다는 동정심으로 그저 채찍질만을 가했다. 당시의 다른 지휘관이었다면, 돛대에 묶어두는 처벌을 내렸을 것이다. 바운티호의 기록을 살펴보면, 대체적으로 블라이는 다른 지휘관들이 채찍을 쉽게 드는 문제를 비난했고, 그가 채찍을 들 때는 언제나 거의 사형 선고를 받을 법한 범죄들을 대상으로 할 때였다.

그렇다면 왜 오늘날 우리는 블라이가 매우 산인한 악당이어서 크리스천이 그의 폭압에서 선원들을 구해야 했다고 오해하고 있는 것일까? 이에 대한 답은 크리스천의 집안과 그의 집안처럼 유력했던 피터 헤이우드Peter Heywood의 집안이 벌인 구명 운동에 있다.

선원들의 마음속에 아직도 타이티 생활의 유혹이 생생할 때 바운티호는 영국으로 귀환을 시작했다. 1789년 4월 28일, 갑자기 크리스천이 약 절반의 선원을 이끌고 무혈 반란을 일으켜 배를 점령했다. 블라이는 자신의 친구에게 이성을 찾으라며 지금 무슨 짓을 하고 있는지 생각해 보라고 호소했지만, 크리스천은 갑판을 걸으며 "나는 지옥에 있다"는 말만 되뇐다. 따라서 바운티호의 폭동에 대해 내릴 수 있는 가장 완곡한 해석은, 아마도 크리스천이 어느 정도의 신경 쇠약을 겪고 있었다고 보는 것이다. 블라이도 나중에 밝히기를, 그가 항해 내내 '둔주fugue'[32] 상태에 있었다고 한다. 나중에 반란군들이 정착하려다 실패한 핏케언섬Pitcairn Island[33]에서 살아 남은 사람들은, 크리스천이 감정 기복이 매우 심했으며, 자신이 좋아하는 동굴에 들어가 오랜 시간 혼자 있기를 좋아했다고 확실하게 기억했다. 그가 그

---

32 특별한 목적지 없이 여기저기를 배회하는 정신 장애 현상.

33 남태평양의 이스터섬과 타이티섬 사이에 있는 섬.

또 하나의 반란

월리엄 블라이가 1805년에 호주 뉴사우스 웨일즈New South Wales의 주지사로 임명된 후, 대규모 반란의 중심에 또 한 차례 섰다는 사실을 아는 이는 거의 없다. 그가 호주로 간 이유는 식민지에서 횡행하는 불법 럼주 거래를 단속하라는 명령을 받아서였다. 블라이는 '바운티 폭동의 그놈 Bastard of Bounty'이라는 나쁜 평판 때문에 호주에서 환영받지 못했다. 정착민들이나 심지어 뉴 사우스 웨일즈 군단New South Wales Corps — 주지사의 통치하에 있었던 군대 — 까지도 럼주 밀수에 손을 대며 호시절을 보내고 있었기에, 그가 단속을 위해 파견된다는 사실은 달갑지 않았다.

블라이는 밀수 문제를 정면으로 공격했고, 시드니의 유지였던 존 맥아더John Macarthur와 바로 충돌을 빚는다. 이에 블라이는 자신의 엄격한 정책에 항의하는 존에게 체포 영장을 발부했다. 그런데 군대는 맥아더의 친한 친구이자 동료인 밀수업자 조지 존스턴George Johnston 소령의 지휘에 따라 거꾸로 주지사의 집에 쳐들어가 블라이를 체포해 버렸다.

짧은 구금 기간이 끝난 뒤, 블라이는 반란자들에게 거의 보복하지 않고 영국으로 돌아왔다.

안에서 미친 듯이 울거나 웃는 소리도 들렸다고 한다.

반란이 일어난 후, 블라이와 42명의 선원 중 18명은 보급품, 도구, 항해일지가 제한된 상태로 지도도 없이 바운티호의 구명정에 태워져서 바다로 보내졌고, 표류되었다. 다른 선원들도 블라이에게 충성을 맹세하며 함께 가고자 했지만 구명정에 자리가 없어서 바운티호에 남아야 했다. 이에 그들은 만약 바운디호가 잉글랜드에 돌아가면 자신들을 옹호해달라고 블라이에게 당부한다. 구명정에 태워진 블라이 일행은 말하자면 죽으라고 방치된 것이다. 하지만, 블라이는 육분의sextant, 六分儀[34], 주머니 시계, 하늘의 별들만 사용하여 그 구명정을 타고 5,800km를 흘러가서 티모르섬에 도착했다. 47일 만에 끝난 항해지만 이는 아직도 국제적인 해양 항해의 역사에서 가장 주목할 만한 업적으로 남아 있다.

1790년에 블라이는 귀환한 영웅으로 환대받으며 조사위원회에 의해 바운티호의 손실에 대한 책임을 면제받았고, 바로 2차 빵나무 항해Second Breadfruit Journey에 착수할 임무를 맡는다. 그는 타히티섬으로 되돌아가서 빵나무 열매를 서인도 제도West Indies로 수송했고, 돌아올 때는 아키akee 열매들을 가지고 왔다. 영국의 왕립 학회Royal Society는 블라이를 기려 이 열매의 학명을 블라이아 사피다Blighia sapida라고 붙였다.

당시 크리스천의 정신 상태를 보여주는 또 하나의 조짐은 그가 자신의 다음 행동을 결정하지 못했다는 사실이다. 그는 어떤 생각을

---

34 수평선 위 천체의 고도를 측정하는 항해 도구.

끝까지 마치지 못했다. 반란자들은 정착할 곳을 찾아 항해해 가다 가 두 개의 섬에서 적대적인 대접을 받은 후, 마지막으로 타이티섬 에 도착했다. 거기에서 다시 헤이우드Heywood와 십여 명의 사람들은 타이티섬에 남기로 하고, 노예를 부리고 성적 유희를 즐기고 싶었던 크리스천은 18명의 타이티인들 — 남자 6명과 여자 12명 — 을 파티 를 열어주겠다는 거짓말로 꾀어서 핏케언섬으로 데리고 갔다. 정확 히 말하자면, 도피처를 찾아 들어간 것이다. 그 섬이 1767년에 그곳 을 처음 발견한 로버트 핏케언Robert Pitcairn을 따라 이름이 붙여지기 는 했지만 — 그의 아버지 존 핏케언John Pitcairn 소령은 독립 전쟁의 첫 포가 발사된 매사추세츠 주 렉싱턴Lexington에서 영국군 군대를 지휘했던 사람이다 — 크리스천은 그곳이 해군 지도에 제대로 표시 되어 있지 않다는 것을 알고 있었다.

반란의 주동자인 크리스천과 그에 의해 납치된 타이티인들이 핏 케언을 탐험하고 있을 때, HMS 판도라HMS Pandora호가 반란군 색 출을 위해 타이티섬에 도착하여, 그곳에 남아 있던 헤이우드와 다른 선원들을 체포했다. 헤이우드는 직접 노를 저어 함선에 다가가서, 거 기에 있는 장교들에게 자신은 블라이에게 충성했지만 구명정에 탈 자리가 없어서 배제된 불쌍한 선원이라고 거짓으로 호소했다.

그 말이 먹혀 들어갈 수도 있었지만, 블라이의 티모르섬 여행에 동반한 적이 있던 토머스 헤이워드 중위Lt Thomas Hayward가 판도라호 선장에게 다가가서 헤이우드는 폭동이 일어나는 내내 크리스천 편에 가담했다고 말했다. 하지만 1792년 9월 헤이우드의 재판이 실시되던 무렵, 헤이워드가 다른 나라에 배치되는 바람에 헤이우드의 거짓말은 계속되었다. 또한 그의 가족들이 벌인 끈질긴 구명 활동 덕분에 헤이우드는 결국 사면되어 공동 피고인들과 함께 엮이지 않게 되었다.

이때부터, 크리스천과 헤이우드의 가족들은 서로 손을 잡고 이리저리 연줄을 동원하여 블라이의 명성을 훼손시킴으로써, 그들 자신과 자식들의 평판을 구제하는 운동을 줄기차게 벌였다. 헤이우드는 반란군들의 동기는 이해했지만 악마 같은 선장에 일편단심 충성했던 세심한 사람으로 그려지고, 마찬가지로 크리스천도 살인 직전까지 간 과대망상증 환자의 폭정에 맞서 반란을 일으킬 수밖에 없었던 사람으로 윤색되었다.

해군 내부에서는 이 이야기들을 무시했지만, 당시 여론은 이것을 덥석 받아들였고, 그 결과 현대인들에게 그대로 전해졌다. 영화 속에서는 이 이미지들이 강화되어, 블라이는 날카로운 눈의 사디스트로 그려지고, 크리스천은 말론 브란도Marlon Brando 나 최근의 멜 깁슨Mel Gibson 같은 배우가 연기하는 '섹시남hunks'으로 그려졌다. 실제의 크리스천은 땅딸막하고 어둡고 까무잡잡했으며, 특히 악수할 때 손이 꺼림칙하게 느껴질 정도로 '불쾌한 땀을 흘리는' 사람이었다.

핏케언섬에 편하게 숨어 살던 반란자들은 타이티섬의 남성들은 노예로 삼고 여성들은 성적 대상물로 삼아 지내다가, 결국엔 크리스천 일당을 상대로 반란을 이끈 여성들에 살해당했다. 그들 중 대부분은 잠든 상태에서 변을 당했다.

믿기 어렵겠지만, 블라이와 크리스천 간의 싸움은 이후 225년 동안이나 이어진다. 핏케언섬의 시장이던 스티브 크리스천Steve Christian이 미성년자 강간죄로 투옥되고 여동생 브렌다Brenda가 그 자리를 이어 받자(2004년에 일어남), 『천국의 뱀Serpent in Paradise』(1997)[35]의 저자 디 버킷Dea Birkett이 크리스천과 반란군의 자손들에 대한 자신의 의견을 표했다. 이에 크게 분노한 브렌다는 "버킷이 교수형 당하는 것을 보고 싶다"고 말했다. 버킷은 2014년에 "지금 시대라도, 내 성씨가 블라이라면 나는 위험하게 핏케언에 가지 않을 것"이라고 응수했다.

시드니에 거주하는 유명 요리사인 글린 크리스천Glynn Christian도 모리스 블라이Maurice Bligh가 호주 TV에 나와 자신의 조상인 플레처에 대해 비판적으로 발언하자, 그의 얼굴을 주먹으로 날리겠다고 위협했다. 그러나 2004년 5월에 자키 크리스천Jacqui Christian은 타이티섬으로 모리스 블라이를 찾아 가서, 윌리엄 블라이의 성경책을 돌려주었다. 이 책은 반란 중에 선실에서 도둑맞은 것이었다. 모리스는 다시 그 책을 상징적으로 자키에게 돌려주었고, 그 성경책은 핏케언

---

35 핏케언섬에서의 여행에 관한 책.

섬에 영원히 귀속되었다. 이렇게 해서 이 두 가문의 갈등은 적어도 당분간은 보류된 상태이다.

유령선 메리 셀레스트호의 미스터리

○
●

'메리 셀레스트호Mary Celeste'가 공해상에 조난된 사건을 둘러싸고 알려진 억측과 의혹은 '마리 셀레스트호Marie Celeste'라는 더욱 미스터리하고 잘못된 이름 아래 조작되어 전해지는 이야기들에 비하면 아무것도 아니다.

노바 스코샤Nova Scotia의 스펜서섬Spencer's Island에서 건조되어 처음에는 아마존호Amazon로 불리다가 나중에 메리 셀레스트호로 바뀐 이 배는 미국 남북 전쟁이 한창이던 1861년 5월 18일에 진수되었다. 이 배에는 처음부터 어떤 불길한 징조가 감돌고 있었다. 이 배의 첫 번째 선장이자 부분 소유주였던 로버트 맥렐란Robert McLellan은 런던행 첫 항해를 위해 화물 적하積荷를 감독하던 중에 병이 나서 사망하게 된다. 그 후, 맥렐란을 대신해 항해를 맡은 사람은 존 너팅 파커

John Nutting Parker 라는 선장이었다. 그는 이 아마존호를 몰고 나가다가 메인Maine주 해협에서 낚시 댐과 충돌하는 사건을 겪었고, 돌아올 때는 도버 해협Strait of Dover에서 좌초되어 구명정을 잃었다. 그 뒤를 이은 선주들도 아마존호의 배값을 충당하지 못하고 있는 상황에서, 이 배는 폭풍우가 몰아쳤던 1867년 10월, 케이프 브레튼섬Cape Breton Island의 암초에 부딪혀 좌초된다(다소 의심스러운 상황이었다). 이후, 선주들은 아마존호를 난파선으로 내버려 둔 채, 보험금만 타먹고 빠져 나갔다.

그 후, 뉴욕의 리처드 헤인스Richard Haines가 배의 남은 부분을 구입해 9,000달러를 들여 항해에 적합한 상태로 복구하고 수용 인원

을 늘려 갈릴레오Galileo와 그의 정부 마리나 감바Marina Gamba의 사생
아 딸인 마리아 셀레스트Maria Celeste에서 나온 이름인 메리 셀레스트
Mary Celeste로 배를 재등록한다.

1872년 10월 말 메리 셀레스트호는 1,701배럴의 비가공 산업용
알코올을 제노바로 운송하기 위해 뉴욕의 이스트 리버East River에 정
박 중이었다. 이 배의 화물은 35,000달러 상당의 넉넉한 보험에 가
입된 상태였다. 11월 7일에 이 배를 몰고 항해를 시작한 이는 새 선
장이자 부분 소유자인 벤자민 브릭스Benjamin Briggs였다. 선상에는 브
릭스의 아내와 딸, 선원 7명도 타고 있었다. 일주일 후에, 브릭스의
지인인 데이비드 모어하우스David Morehouse도 영국 등록의 선박 데
이 그라시아호Dei Gratia를 몰고 뉴욕을 떠나 제노바로 향했다. 그러
다 12월 4일에 그라시아호는 아조레스 제도Azores[36]와 지브롤터 해협
Gibraltar의 중간 지점에서 메리 셀레스트를 만나게 된다. 메리 셀레스
트는 돛의 수가 줄어든 상태로 매우 불안정한 항해를 하고 있었다.
모어하우스는 배가 버려진 것 같다는 판단하에 몇몇 사람을 보내 상
황을 파악하게 했다.

그의 일등항해사 올리버 데보Oliver Deveau가 돌아와 보고하기를,
폭력이나 소동이 일어난 흔적도 없이 배 위에는 아무도 없고 개인

---

36 대서양 중부에 있는 포르투갈령의 제도.

소유물들도 모두 그대로 남아 있는 상태라고 했다. 마치, 모두가 허공으로 사라진 것 같았다. 데보가 확인할 수 있었던 것은, 화물은 모두 온전한 상태였는데, 짐칸으로 향하는 해치 덮개들이 누군가 환기를 시도한 것처럼 제거되었다는 사실이었다. 선체 중앙 지점에 있는 측면 레일들이 구명정을 잘 내리게 하기 위해 제거돼 있었고, 선박의 육분의와 해양 크로노미터chronometer[37]가 없어진 상태였다. 항해 로프 중 하나인 돛대 끝의 마룻줄halyard[38]이 어떤 이유에선지 내려져서 구명정을 끌기 위해서였던 것처럼 선미에 묶여 있었다. 브릭스의 친구였던 모어하우스는 달리 방법이 없어서 최소의 선원을 메리 셀레스트호에 보내 운항하게 했고, 두 배는 12월 12일과 13일에 각각 지브롤터에 도착했다.

메리 셀레스트호의 사고를 둘러싸고 진상 조사를 위한 특별위원회가 즉각 소집되었지만, 승선한 10명 전원이 사라졌다는 사실 말고는 특별한 어떤 사실도 발견되지 않았다. 서둘러서, 그러나 질서정연하게 배를 버려야 했던 어떤 사건이 있어 보이는데, 그것을 유발했을 만한 어떠한 내부적·외부적 손상을 찾을 수 없었다. 그럼에도 불구하고, 건방진 성격으로 모두에게 미움을 받던 지브롤터 법무장관 프레드릭 솔리플러드Frederick Solly-Flood는 비겁한 짓을 하기로 결심한

---

37 천문·항해에 사용하는 정밀한 경도측정용 시계.

38 돛을 올리기 위한 밧줄.

다. 사실 이 사건을 둘러싼 기이한 낭설들은 솔리플러드의 터무니없는 상상력에서 비롯된 것이다. 그는 처음에 선원들이 화물인 술통에 손을 대어 술에 취해 난동을 부리다가 선장과 가족을 죽인 후 구명정으로 떠난 것이라고 가정했다. 하지만 술통들이 온전한 상태로 남아 있었고, 그 내용물도 비가공 상태라 마실 수 없다는 지적이 일었다. 그러자, 브릭스 선장이 선원들을 살해한 다음, 친구 모어하우스를 기다렸다가 합류하여 구조비를 타 내기 위해 음모를 꾸민 게 분명하다고 입장을 바꾸었다. 그는 모어하우스가 자신의 배를 데보에게 몰게 해서 제노바로 보내놓고, 자신은 지브롤터에 계속 남아 구조비를 타낼 절차를 진행하고 있으며, 브릭스와 그의 가족을 배에 몰래 태워 가려는 계략을 세우고 있다고 주장했다.

이런 논리들을 입증하지 못하게 되자, 솔리플러드는 그 배가 거대한 오징어나 문어의 공격을 당했거나 선원 전체가 어마어마한 물기둥에 휩쓸려 사라졌을 것이라는 이야기로 옮겨갔다. 솔리플러드의 어떤 이론에서도 사람들이 왜 그토록 서두르면서도 주도면밀하게 구명정에 피신해 들어갔는지에 대한 설명은 없었다. 그러나 유럽이나 미국은 말할 것도 없고 지브롤터 일대에서는 이 배가 바다 괴물이나 플라잉 더치맨Flying Dutchman[39] 유령선에 의해 공격을 당해 승선

---

39 '방황하는 네덜란드인'이라는 뜻으로, 항구에 정박하지 못하고 영원히 대양을 항해한다는 오래된 유령선 전설 속의 유령.

브릭스 가문의 저주

벤저민 스푸너 브릭스Benjamin Spooner Briggs 선장이 메리 셀레스트를 타고 불행한 항해를 시작하기 전년도에, 그는 바다로 향하는 대신 매사추세츠의 뉴 베드퍼드New Bedford에 있는 철물점을 살 뻔했다. 때늦은 후회지만, 그렇게 하는 것이 오히려 현명했을 것이다.

브릭스는 아내 사라Sarah와 딸 소피아Sophia를 기쁘게 하기 위해 메리 셀레스트에 함께 태웠고, 그로 인해 가족 전원이 변을 당하게 된다. 아들 아더Arthur는 학교를 다녀야 할 나이여서 친척들과 함께 부두에 남겨졌는데, 이 아들도 나중에는 폭풍에 쓰러지는 나무를 맞아 죽음으로써 비극을 맞았다.

브릭스의 나머지 가족들도 역시 불행한 삶을 살았다. 그의 아버지는 번개를 맞아 죽었고, 그의 형 올리버는 철물점을 하며 살기로 했다가 동생의 최후에 대해 듣고 2달 후에 바다로 나갔다. 올리버의 배 줄리아 A. 할록Julia A. Hallock호는 1873년 1월 8일에 비스케이Biscay만에서 갑작스런 폭풍우를 만나 올리버를 태운 지 몇 분 안에 침몰했다.

자 전원이 유괴됐다는 이야기로 시끌벅적했다.

메리 셀레스트호의 선원들에게 닥친 운명에 대해 어떤 결론도 나오지 않은 상태였는데도, 이 배는 공동 소유자가 보스턴에서 영입해

온 블랫치포드Blatchford 선장의 지휘하에 계속 제노바로 출항한다. 안타깝게도 모어하우스는 솔리플러드의 헛소리로 인해 계속 오명을 입었고, 그로 인해 메리 셀레스트호의 보험 회사들은 자기들 멋대로 선박과 화물의 총가치에 대해 50%의 현행 요율 대신 20%의 보잘것 없는 구조비를 제공했다.

아마 당시 익명으로 활동하던 젊은 아서 코난 도일Arthur Conan Doyle이 아니었다면 세계는 메리 셀레스트호를 잊었을 것이다. '마리 셀레스트Marie Celeste'로 이름을 바꾼 이 배에 승선한 사람들의 운명에 관한 음울하고도 괴기스러운 그의 단편 소설은 『컨힐Cornhill』지 1884년 1월 판에 실려 소개됐다. 「J. 하바쿡 젭슨의 진술J. Habakuk Jephson's Statement」이라는 제목의 이 소설은 식탁 위에 먹다 남긴 음식, 김이 피어오르는 찻잔, 한쪽에 치워져 있는 연기 나는 담배 파이프 같은 묘사를 지어 내어, 이후 사람들의 입에 오르내리는 유령선 이야기의 원형이 된다. 선상에서 벌어진 광기 어린 살인 사건의 유일한 생존자인 주인공 J. 하바쿡이 회고하는 형식이어서, 많은 이들이 그 이야기를 실제 사건으로 받아들였다. 『보스턴 헤럴드Boston Herald』는 그 허황된 소설을 그대로 받아들여서 그것을 사실에 입각한 이야기로 재탕하여 써먹었고, 이로써 독자들은 그것이 메리 셀레스트에 승선했던 이들의 끔찍한 결말이라는 인상을 갖게 되었다.

하지만 현대 과학을 통해 이 배와 선원들에게 닥친 운명에 관한 가장 논리적인 해명이 나오고 있는 듯하다. 배가 제노바에 도착했

을 때, 짐칸에 있던 1,701개의 술통 중 9개는 외부 손상이 없는 상태
로 안이 비어 있었다. 다른 1,692개의 술통은 흰 참나무로 만들어졌
는데, 그 9개만 빨간 참나무였다. 하얀 참나무는 구멍이 막혀서 방
수 기능이 있었고, 빨간 참나무는 구멍이 막히지 않아 건조 제품의
보관에 적합했다. 당시의 화물 운송업체 마이스너 애커먼사Meissner,
Ackermann & Co.는 실수로 휘발성 액체의 저장에는 적당하지 않은 9개
의 나무통을 사용했고, 이로 인해 내용물이 새어 나와 짐칸을 연기
로 채우게 된 것이다. 이것으로 선원들이 해치 덮개를 제거한 이유
가 설명된다. 하지만 그렇다고 해서 상황이 덜 위험해진 것 같지는
않다. 그 배가 안고 있었던 사고의 근본 원인은 밝혀졌지만, 문제는
배가 지브롤터에서 조사를 받을 당시 선상 어디에도 화재나 폭발의
흔적이 없었다는 점이다.

2006년에는 런던 대학University College London의 화학 교수이자 화
학 분야에서 국제적인 인정을 받는 권위자인 안드레아 셀라Andrea
Sella가 메리 셀레스트 짐칸을 복제하여 그곳에 종이 상자들을 집어
넣고 부탄을 흘러들어가게 한 다음 점화하는 실험을 했다. 사람들은
짐칸 안이 그슬려지고 상자들이 찌그러져 까맣게 탈 것으로 기대했
지만, 그런 종류의 일은 전혀 일어나지 않았다. 셀라가 설명해 주었
듯, 그것은 큰 압력파의 폭발을 실험한 것이었다. 극적이고 무서운
폭발이었지만, 비교적 차가운 기체 상태에서 발생했고, 어떠한 재나
화재의 흔적 혹은 구조적인 손상을 남기지 않았고, 순식간에 일어났

다. 셸라는 메리 셀레스트호 짐칸의 알콜 연기가 부탄가스보다 훨씬 빠르고 차가운 상태로 순식간에 연소되었을 거라고 강조했다. 실제로 이 일이 원인이 되어 대피 사태가 일어난 거라면, 짐칸에 실린 알콜이 발화성 물질이라는 사실을 알고 있는 상태에서 해치들이 격렬한 폭발에 의해 날아가는 장면을 보았을 때, 선원들 간에 생겨났을 공포감이 이해가 간다. 당연히, 그런 일이 계속 일어나는 곳에서 벗어나고 싶었을 브릭스와 선원들은 지푸라기라도 잡는 심정으로 구명정을 메리 셀레스트호에 묶고서 배를 따라갔을 것이다. 그러다 마룻줄이 구명정의 밧줄걸이에서 빠져나갔고, 일행은 표류하다가 불운한 운명을 맞게 된 듯하다. 며칠 뒤 데보가 선상에 올라갔을 때는 모든 알콜 기체가 증발한 상태여서 어떤 냄새도 종적을 찾을 수 없었던 것이다.

메리 셀레스트호의 불운은 계속 떨쳐지지 않았다. 이 배는 1880년대에 서인도양에서 운항을 계속 했으나, 선주 중 이익을 내는 이는 아무도 없었다. 초창기에 3명의 선주가 죽었기 때문에 저주받은 배라는 이름도 붙어 있었다. 수완 좋은 길먼 C. 파커Gilman C. Parker가 메리 셀레스트호를 헐값에 낚아챈 다음, 그 배를 이용해 돈을 벌 작전을 폈다. 1884년 11월에 파커는 일등항해사를 비롯한 일당과 짜고서, 고급 와인이 채워져 있다고 했지만 실제로는 물이 채워진 낡은 통들이 가득 실린 셀레스트호가 아이티Haiti의 해안을 떠나 로쳴러스Rochelais 산호초를 향해 전속력으로 운항하게 만들었다. 그는 오늘날 가치로 100만 달러에 가까운 보험금 30,000달러를 청구했지만 결국 사기죄로 기소된다. 그러나 파커와 그의 일등항해사는 영장이 발부되기도 전에 사망하고 만다. 파커는 술에 취해 인사불성이 되어 질식사했고, 일등항해사 필모어 타이슨Fillmore Tyson도 칼싸움을 하다 그의 뒤를 따라갔다. 파커와 함께 기소된 다른 일당 3명도 나을 바가 없었다. 한 명은 죽고, 한 명은 정신 이상이 되었으며, 나머지 한 명도 권총 자살로 생을 마감했는데, 마치 메리 셀레스트호가 바다 밑에서 손을 뻗어 자신을 파괴시킨 이들을 하나둘씩 잡아갔다는 설을 확증해주는 것만 같았다.

이스터섬의 모아이들이 걸었다?

○
●

라파누이Rapa Nui라고도 불리는 이스터섬에 처음 정착한 이들은 AD 700년경 폴리네시아 모험가들이었다. 유럽인들의 발길이 닿지 않던 이 섬을 발견한 이는 호주로 가던 중 1722년 부활절 일요일에 실수로 이곳에 들르게 된 네덜란드의 탐험가 자콥 로저빈Jacob Roggeveen이었다. 당시 우울하고도 수상한—삭막한 불모의—그 섬에는 2,000여 명의 사람들이 굶주리고 있었고, 이상하게 생긴 수백 개의 석상이 해안가에 둘러져 있었다. 이후 그 석상들은 고고학자들의 궁금증과 호기심을 유발했다.

모아이Mo'ai라고 알려진 그 석상들은 채석장에 미완성 상태로 있거나 운송 중에 파손되어 폐기된 것을 포함하여 총 1,100개가 넘는다. 대다수의 높이와 무게가 각각 4m와 14톤으로 균일하지만 높이

12m에 무게 80톤이 넘는 큰 것들도 몇 개 있다. 모든 석상이 섬의 중심에 상당히 많이 있었던 응회암으로 조각되었다. 응회암이란 화산재로 형성된 비교적 부드러운 암석을 말한다. 이 석상들은 가문의 조상을 기리기 위해 자신들이 직접 조각했거나 조각가에게 돈을 주고 시켜서 세운 것들이었다. 조각에 사용된 도구는 훨씬 단단한 화산암인 현무암으로 만들어진 도끼와 끌이었다. 따라서 그들이 왜, 어떤 방법으로 석상을 새겼는지에 대한 미스터리는 없다. 다만 고고학자들의 중요한 쟁점은 그것들이 어떤 방법으로 섬의 이곳저곳에 옮겨졌는가였다.

이 석상들이 어떻게 섬 중앙의 채석장에서 해안가로 옮겨져 폭 22km, 크기 11km인 이 외딴 삼각형 섬의 보초들처럼 늘어서게 되었는지에 대해 다양한 이론이 있었다. 최근까지 대부분의 사람들은 석상들이 여러 개의 나무통 위를 미끄러져 지나는 썰매에 올려져 옮겨졌다고 믿었다. 이 주장은 논리적으로 보이지만 모든 이를 만족시키지는 못했다. 2000년에 와이오밍Wyoming주에서 온 고고학자이자 인류학자인 찰스 러브Charles Love는 채석장에서 내려오는 도로망에 대해 폭넓은 조사를 실시했다. 그는 거기에 오랫동안 쌓인 흙과 먼지를 제거하여 원래의 노반路盤까지 내려가 보았다. 노반의 모습은 볼록하게 올라온 U자형으로 되어 있어 위로 굽은 현대 도로와 닮은 꼴이었다. 러브의 조사 결과로 인해 썰매 이론에 약간의 허점이 발생하게 됐다. 위로 볼록한 도로를 내려오다 보면, 중심부의 지지력이 약해져서 나무통들이 뚝 부러질 수 있기 때문이다. 굴림 나무통과 썰매의 방식을 이용하려면 도로가 평평해야 했기 때문에. 러브의 발견은 다른 쪽으로 생각해야 한다는 실마리를 주었다.

2011년에 두 남자가 이스터섬으로 가서 자신들의 이론을 도로 한복판에서 직접 테스트했다. 그들은 캘리포니아 주립 대학의 고고학 교수인 칼 리포Carl Lipo 교수와 태평양 문화 연구를 전문으로 하는 고고학자 겸 인류학자 테리 헌트Terry Hunt였다. 두 사람은 섬 사람들의 모든 옛날이야기에서 석상들이 채석장에서 설치된 장소까지 마술처럼 걸어갔다고 하는 데에 흥미를 느꼈다. '걸어가는 모아이'가 나오는 노래가 여러 곡 있었는데, 뱃노래 같은 노동요로서 밧줄을 잡아당기는 동안 박자와 리듬을 주기 위한 것이었다. 라파누이의 언어에는 심지어 '다리 없이 걷기'를 의미하는 '네케네케neke-neke'라는 표현도 있다. 흥미롭게도 마오리 언어에서 '네케'는 뱀을 의미한다. 민족학자 겸 모험가인 토르 헤예달Thor Heyerdahl이 레오나르도 하오아 파코미오Leonardo Haoa Pakomio라는 섬 주민에게 '네케네케'의 시범을 보여 달라고 부탁했다. 노인은 일어서서 양팔은 옆으로 펼치고 몸의 모든 부분과 무릎을 꽉 붙인 채 심술궂은 펭귄처럼 약 2.5cm씩 몸을 흔들며 움직였다. 파코미오는 정상적인 자세로 돌아온 후, 그것이 그 말이 의미하는 동작이라고 하더니, "이 세상에 누가 그렇게 걷고자 하겠어요?"라고 되물었다.

리포와 헌트는 러브의 U형 도로망 옆에 남아 있던 부서지고 버

려진 석상들에 관심을 돌렸다. 그 석상들은 대부분 비탈진 도로 구간에서 발견되었다. 내리막길에서 발견된 석상들의 얼굴은 땅을 향해 있었고, 오르막길에 있는 것들은 하늘을 향하고 있었다. 이 사실은 석상들이 앞을 보고 똑바로 움직였기에 경사지에서 가장 불안정했다는 리포-헌트의 가설을 강화시켰다. 그들은 자리를 잡고 있는 석상들과 길가에 버려진 석상들 사이의 현저한 차이점도 찾아냈다. 후자들은 볼링핀처럼 훨씬 둥글납작한 몸통을 가지고 있었다. 버려진 모든 석상의 바닥이 D자 모양이라는 사실도 밝혀졌다. 석상의 뒤쪽이 D의 직선 부분이 되어 앞쪽으로 둥글게 돌아간 형태였다. 간단히 말해, 그것들은 자리를 잡고 있는 석상들보다 무게 중심이 훨씬 낮아서 하단부가 확실히 '뒤뚱거렸으며' 바닥이 굽어져 있기 때문에 똑바로 세웠을 때 약간 앞으로 기울어진 상태였다.

리포와 헌트의 모아이 복제품이 2012년 초에 이스터섬에 도착하자, 실험 준비가 완료되었다. 그들은 18명의 인력을 3팀으로 나눠서, 한 팀의 로프는 머리에 묶고, 다른 두 팀의 로프는 하단부에 묶어, 하단부를 맡은 두 팀이 로프를 가지고 석상이 몸을 비틀며 '걷게' 하면, 세 번째 팀은 머리 쪽에서 그것을 잡아당겨 앞으로 움직이게 했다. 몇 번의 실수가 벌어진 후 로프의 위치를 조정하고 나서 그들은 출발했고, 석상은 도로의 움푹한 자국을 따라 40분간 약 100미터를 '걸었다.' 리포와 헌트는 이 기술에 숙련된 사람들의 실력을 고려해 봤을 때, 섬 주민들이 석상 하나를 최소 1km 정도 '걷게 하는 데' 하루 정도면 충분했을 것으로 생각했다. 석상들은 자리를 잡은 다음에 하단부가 깎이고 눈도 완성되고 색칠도 더해져서, '살아 있는' 것 같은 모습이 되었다. 몸통 역시 자연스러운 윤곽으로 다듬어졌다.

리포-헌트 가설은 고고학 학계에서는 환영을 받았지만, 일각에서는—특히, 썰매-나무통 이론을 지지하는 이들— 심한 반발을 받았다. 하지만, 이들의 가설은 거대한 석상이 옮겨진 방법을 설명하고 있는 구전 이야기와 일치하며, 볼록한 길들, 버려진 석상들, 자리를 잡고 있는 석상들 간의 연관성과 차이를 상세하게 설명해 주는 유일한 이론이다. 게다가, 내부가 약하고 구멍이 나 있는 야자수 줄기로 만든 굴리는 나무통들은 석상의 무게에 짓눌려 '으스러져' 버릴 것이므로, 그 섬이 겪었던 재앙의 본질에 대해 다시 생각하게 만든다.

한때는 섬 주민들이 석상 제작에 대한 집착으로 나무통들을 만들기 위해 나무를 심하게 벌채했기 때문에 그들의 부락과 삼림이 파괴되었다고 생각되었다. 그러나 섬에 대한 충실한 연구에 따르면, 폴리네시아인들이 처음 그 땅을 밟았을 때 그곳엔 약 2000만 그루의 야자수가 자라고 있었을 것으로 밝혀졌다. 이는 석상마다 최대 2만 그루의 나무가 있었음을 의미한다. 그들이 석상마다 그렇게 많은 나무를 사용했을 거라는 가설은 비현실적이기도 하고, 앞에서 언급했듯 열대성 기후에 생존하기 위해 발달한 야자수들은 구멍이 많고 유연한 줄기를 가지고 있었기 때문에 볼록한 길을 굴러갈 기능적인 나무통을 만들기에는 적합하지 않았을 것이다. 15세기에 인구가 12,000명에 달했던 그 섬의 생태계를 파괴한 요인은 야자수를 나무통으로 사용했다는 사실 말고 다른 데에 있었다. 가용 자원의 빈약한 관리, 그리고 게걸스러운 폴리네시아 쥐가 그 요인이다. 총으로 침략해 들어오는 유럽인과 남미인, 노예들을 덮친 질병과 굶주림으로 이스터섬은 1877년 무렵 인구가 111명까지 줄게 되는 참혹한 상황에 빠진다.

폴리네시안 정착민들은 야자수를 사용하지 않고 농사를 지었기 때문에 토지 개간을 위해 과감한 화전 농법을 사용했다. 그렇게 해서 인구와 바닷새들이 점점 줄어들었고, 새들이 줄어들다 보니 남아 있는 나무의 생육과 번식에 필수적인 구아노 비료도 공급받지 못해 악순환이 계속되었다. 그리고 의식하지 못하는 사이에 뗏목이나 선박을 통해 섬에 쥐가 들어왔다. 자연의 포식자도 없었고 먹을 것도

풍족했기 때문에, 한 쌍의 쥐가 3년 만에 수백만 마리로 늘어날 수
있었다. 더구나 야자수 나무 씨앗은 쥐가 좋아하는 먹을거리였다. 인
간과 쥐는 서로 앞다투어 섬의 나무들을 없앴고, 나무가 사라진 섬
은 바람과 비에 침식되고 지층도 전반적으로 붕괴되어 취약해졌다.
이 이야기는 그러한 고난에 시달리던 섬 주민들이 내란을 겪게 되었
다는 식으로 전개된다.

섬 역사의 이런 측면은, 1947년에 콘티키호Kon-Tiki를 몰고 폴리
네시아 제도로 원정을 간 노르웨이의 탐험가 토르 헤예달에 의해 처
음 유럽인들에게 전해졌다. 이스터섬에는 2개의 구별되는 집단, 즉
사회 계층이 있었다고 한다. 귀가 긴 사람들은 귀가 짧은 사람들보
다 자신들이 더 훌륭하다는 생각에서 그들을 노예로 부렸는데, 이로
인해 귀가 짧은 사람들이 반란을 일으켜 그들을 대량 학살했다. 그
러나 이 전설에 대한 서구의 인식은 하나우 이페Hanau Eepe라는 용어
의 오역으로 조금 왜곡되었다. 이 용어는 키가 땅딸막한 사람들로
번역되어야 하는데, 라파누이어로 '귀'라는 뜻의 '에페epe'와 혼동된
것이다. 따라서 그 가상의 전쟁은 귀가 긴 계층과 귀가 짧은 계층 간
에 일어난 게 아니고, 키가 크고 날씬한 계층과 키가 작고 뚱뚱한 계
층 사이에 일어난 것이었다.

아무도 그 이유는 모르지만, 최초의 네덜란드 탐험가들이 1722년
에 도착하자 그로 인해 석상 생산이 중단되었다. 섬의 해안가에 석
상들을 늘어놓았던 것은 아마 침략자들을 물리치고자 하는 의도였

끌어서 이동시키기

석상들을 '걷게walk' 만드는 데 필요한 구체적인 메커니즘을 최초로 확인한 이들은 고고학자 칼 리포와 테리 헌트이지만, 석상이 '끌려서be shuffled' 이동했을 수도 있다는 사실을 알아차린 이는 그들 전에도 있었다. 프랑스 인류학자 장 미쉘 슈왈츠Jean-Michel Schwartz가 『이스터섬의 미스터리들The Mysteries of Easter Island』(1975)에서 이를 처음 소개했다.

고대인들이 무거운 무게를 어떻게 움직였을지 궁금했던 체코의 엔지니어 파벨 파벨Pavel Pavel은 슈왈츠의 제안에서 영감을 받아, 1982년에 모아이 복제를 만들어 '걷게 하는walk' 시도를 한다. 1986년에 토르 헤예달Thor Heyerdahl(1914-2002, 노르웨이의 탐험가)이 파벨을 이스터섬으로 데리고 가서 실제 모아이들을 가지고 아이디어를 시험해 보게 했다.

그들의 작업은 세 번째 팀이 석상을 앞으로 끌며 로프를 잡아당기면, 그 동안 양쪽의 두 팀은 옆에서 옆으로 모아이를 흔드는 식이었다. 하지만 그들의 성공은 다소 제한적이었다. 나중에 리포와 헌트 팀이 모아이의 바닥을 살짝 비트는 식으로 모아이를 이동시켜 이 작업을 완성시켰다.

겠지만, 석상들이 그런 의무를 충실히 이행하지 못하자 섬 주민들은 그것들을 더 이상 숭앙하지 않게 되었다. 그들은 조상님들이 자신들을 버렸다면, 자신들도 그들을 버리는 게 낫다는 생각을 하게 되었을 것이다. 그렇게 100여 년의 시간이 흐른 뒤, 페루의 노예 상인들을 비롯해 네덜란드, 스페인, 영국 원정대가 연속적으로 섬에 쳐들어오자, 석상들마다 후리 모아이Huri Mo'ai(석상 넘어뜨리기)라는 상황을 겪게 된다. 이 신성 모독이 고의적으로 일어난 것이라고 말하는 주민들도 있지만 '성난 지구가 흔들어서' 그렇게 되었다고 하는 이들도 있다. 예전에야 어떤 상황이었든, 지금은 대부분의 석상들이 관광사업의 지원을 받아 5,000명의 주민들에 의해 다시 세워진 상태이다.

3부

추악한 살인 사건들의
진상

클레오파트라가 죽은
진짜 이유는 무엇일까?

○
●

셰익스피어는 1607년에 탄생시킨 초대형 베스트셀러 『안토니우스와 클레오파트라Antony and Cleopatra』를 쓸 때 플루타르코스Plutarch의 『영웅전Parallel Lives』을 기초로 삼았다. 만일 토머스 노스 경Sir Thomas North이 1579년에 이 『영웅전』의 번역본을 간행하지 않았다면 어땠을까? 오늘날 우리는 클레오파트라를 만날 수 없었을 것이고, 그녀가 대중문화 속에서 그렇게 잘못 전해지지도 않았을 것이다. 사람들은 아직까지도 클레오파트라를 생각할 때, 카이사르나 마르쿠스 안토니우스Mark Antony를 특별한 기술로 유혹한 이집트 요부의 이미지를 떠올린다. 이 경박한 이미지 때문에 강철 같은 의지와 넘치는 지성을 겸비한 클레오파트라의 실재는 대중의 머릿속에서 점점 희미해졌다. 하지만 클레오파트라가 지닌 복합적인 매력은 그녀의 침대 위가 아닌 그녀의 두뇌 속에 있었다.

클레오파트라가 속해 있던 왕조는 프톨레마이오스 라기데스
Ptolemy Lagides에 의해 기원전 323년에 기틀이 세워진 후 3세기 이상
계속 이어졌다. 프톨레마이오스의 어머니 아르시노Arsinoe는 마케도
니아 필립 2세의 후처였다. 알렉산더 대왕Alexander the Great의 이복형
이었던 프톨레마이오스는 알렉산더의 부사령관을 지낸다. 어쨌든
간에 알렉산더 대왕이 사망하고 마케도니아가 멸망하자 상당한 규
모의 군대를 이끌고 있던 프톨레마이오스는 고대 이집트로 진격해
들어가서 그곳에 헬레니즘 왕국을 건설하고 스스로 왕위에 오른다.
'아버지의 영광'이라는 그리스어에서 비롯된 왕위 칭호인 '클레오파
트라'는 프톨레마이오스 5세부터 쓰기 시작했다. 이후 15명의 여왕
과 후궁들이 여러 시대에 걸쳐 이 칭호를 사용했다. 문제의 여성 클
레오파트라 7세(BC 69-30)는 프톨레마이오스 12세의 딸이었는데,
이름은 테아 필로파토르Thea Philopator였다. '아버지를 사랑하는 여신'
이란 뜻의 이 이름 역시 그리스어에서 왔다. 나중에 밝혀지지만 그
녀는 고대 이집트의 마지막 절대 군주가 될 운명이었다.

클레오파트라의 든든한 후원자였던 율리우스 카이사르Julius Caesar
가 암살되고 난 뒤, 그녀는 소아시아의 타르수스Tarsus(터키 남부의 도
시)에서 마르쿠스 안토니우스Mark Antony를 만날 준비를 한다. 이 두
사람이 이집트를 로마의 지배로부터 독립시키려는 비운의 모험을
계획한 것은 BC 41년부터였다. 그들은 4년 만에 이집트를 손에 넣

었고, 마르쿠스 안토니우스는 성공리에 로마로부터 독립을 선포했다. 그러다 옥타비아누스Octavian — 나중에 아우구스투스 황제Emperor Augustus가 되는 — 가 그리스 연안의 악티움Actium 전투(BC 31)에서 이집트 함대를 격파하게 되어, 클레오파트라와 안토니우스는 최후의 운명을 맞게 된다. 옥타비아누스는 도주하는 두 사람을 맹렬히 추격했고, 이집트로 돌아온 안토니우스는 자신의 지상군에게서 버림을 받는다. BC 30년 8월에 옥타비아누스가 그들의 발목을 잡았을 때, 안토니우스는 은신해 있었고 클레오파트라는 그녀의 왕궁에 있었다. 그 다음에 벌어진 사건은 미스터리에 가려져 있다. 클레오파트라는 왕궁에서 자진해서 나왔을까, 아니면 끌려 나왔을까?

로마의 역사가 플루타르코스와 이후의 카시우스 디오Cassius Dio[40]에 따르면, 클레오파트라가 끈질기게 살아 있다는 것과 왕릉에 갇혀 있다는 사실은 옥타비아누스를 곤혹스럽게 만들었다. 그녀를 죽이자는 의견에 찬성과 반대가 있었지만 옥타비아누스는 자신의 손에 그녀의 피를 묻힐 수 없었다. 클레오파트라의 하인 중 하나가 마르쿠스 안토니우스에게 그녀가 자살했으므로, 그도 그 뒤를 따르는 게 낫다는 쪽지를 전달한다. 이것이 옥타비아누스가 클레오파트라를 가장해서 전달한 것인지, 아니면 클레오파트라 본인이 전달한 것인

---

40 로마 제국 시기의 역사가이자 정치가.

지 확실하지 않다. 후자가 사실이라면, 이는 옥타비아누스와 클레오파트라 사이에 있었다는 사전 협상 이야기와 일치할 것이다. 그 협상에는 그녀를 이집트 왕좌에 오래 머무르게 해준다는 (허위) 약속과 함께, 대신 로마로부터 엄격한 통제를 받아야 한다는 사실이 들어 있었다. 어찌 되었든, 그 쪽지는 효력을 냈다. 안토니우스가 자신의 칼로 자결을 했기 때문이다.

플루타르코스와 디오에게 거듭 감사하게도, 옥타비아누스는 승리의 행군에 사슬에 묶인 클레오파트라를 로마의 거리로 끌고 갈 생각을 잠깐 해 보았다고 한다. 하지만 그는 카이사르가 클레오파트라의 이복 여동생인 아시노에게 똑같은 소행을 저질렀을 때, 아시노의 몰락한 처지를 보고 폭도들 사이에서 연민이 일어 환호성보다는 비난의 함성이 더 커졌다는 사실을 잘 기억하고 있었다. 대중의 지지가 얼마나 중요한지를 알고 있던 옥타비아누스는 그런 역효과를 낼 일은 시도하려 들지 않았다.

하지만 오히려 클레오파트라 쪽에서 자신이 그렇게 길거리의 조롱거리로 전락하게 될 거라고 생각했다면 어떻게 됐을까? 그렇다면 그녀는 확실히 '품위 있는 죽음'을 위해 자살을 선택했을 것이다. 우연이든 계획된 것이든, 옥타비아누스의 계획은 클레오파트라의 귀에 확실히 도달했고, 그 시점에서 그녀는 자살이야말로 바람직한 결정이라고 여긴 듯하다.

클레오파트라와 두 시녀를 덮친 인사불성 상태가 이집트산 독사

클레오파트라의 자녀들

클레오파트라는 4명의 자녀를 두었는데, 그중 장자인 카이사리온 Caesarion의 아버지는 율리우스 카이사르로 추정된다. 카이사르는 자신이 아버지임을 항상 부인했다. 클레오파트라가 사망하고 11일 후, 옥타비아누스는 카이사리온이 카이사르의 아들이기 때문에 로마 왕좌를 두고 자신과 경쟁할 수 있다는 이유로 그를 죽였다. 클레오파트라는 마르쿠스 안토니우스와의 사이에도 알렉산더Alexander와 프톨레마이오스 필라델푸스Ptolemy Philadelphus라는 두 아들과 클레오파트라 셀레네 Cleopatra Selene라는 딸을 두었다.

클레오파트라의 죽음 이후, 이 자녀들은 옥타비아누스에 의해 로마로 보내져서 마르쿠스 안토니우스의 버려진 아내였던 옥타비아누스의 여동생 옥타비아와 함께 살았다. 그 후 두 아들은 역사적 기록에서 사라졌는데, 강력한 주장에 따르면 셀레네가 가문의 오랜 전통에 따라 형제들을 직접 제거했다고 한다.

BC 26년 옥타비아누스는 ─ 이때쯤 아우구스투스 황제가 된 ─ 막대한 혼인 지참금을 주고 셀레네를 누미디아Numidia(지금의 알제리)의 주바Juba 왕과 결혼시켰다. 그들 부부가 로마에 대해 충성하고 모리타니아 로마 지방의 공동 법규를 채택하겠다고 맹세하는 조건이었다. 셀레네의 영리한 집정 아래 모리타니아는 모로코 왕국이 되었다.

로 인한 것이라는 주장은 그다지 설득력이 없다. 클레오파트라는 죽기 전에 옥타비아누스에게 자신의 결정을 알리는 쪽지를 전달할 시종을 한 명 불렀다. 옥타비아누스의 거처는 몇 분 거리에 있었는데, 그가 즉시 달려가 도착했을 때 그녀는 이미 고요하게 죽어 있었다. 이집트 독사는 신경 독성으로 인해 물린 부위에 부종, 멍, 물집이 심하게 생기게 하고, 메스꺼움, 구토, 설사, 경련, 느릿한 마비 등을 일으키기 때문에 매우 두려운 대상이다. 이 독사에 물리면 죽음이 빠르고 편하게 진행되지 않기 때문에 희생자들은 클레오파트라처럼 평온하게 누워 있을 수 없고 고통에 몸부림치며 2~8시간을 보내야 한다.

따라서 그녀가 자살했다면 아마 다른 수단을 썼을 것이다. 클레오파트라 시대의 통치자들은 모두 마지막 순간이 오면 먹을 수 있도록 효과가 빠른 독을 가까이에 간직했다. 클레오파트라도 예외는 아니었다. 그녀는 가발에 꽂는 머리핀에 독약을 넣어 다녔다고 알려져 있다. 그렇다면 그녀가 독사에게 물렸다는 터무니없는 발상은 어디서 나온 것일까?

옥타비아누스는 클레오파트라 석상을 과감하게 로마 전역에 전시하고자 했다. 그래서 그녀가 소파에 비스듬히 누워 있고, 거기에 이집트 코브라가 그녀의 오른쪽 팔뚝 위를 두르고 올라갔다가 그녀의 가슴께로 머리를 내리고 있는 모습의 동상을 만들었다. 이것은 클레오파트라의 죽음을 그리고 있는 게 아니라, 옥타비아누스가 굴복시킨 왕조를 상징하는 것이었다. 하지만 사람들은 엉뚱한 쪽으로 생각했다. 클레오파트라가 독사에 의해 죽었다는 생각이 사람들 사이에 뿌리내리자, 옥타비아누스 일당은 그런 여세를 계속 몰아갈 모든 방법을 동원했다.

이제 클레오파트라는 남자들을 노예로 만드는 흑마술 섹스를 사용한 사악한 마녀였고, '이집트의 수치'인 '음탕한 복수의 여신'으로 윤색된다. 뱀 이야기는 그녀의 초상화에도 잘 어울려서, 이야기가 더욱 부풀려져 뱀이 그녀의 방에 있는 무화과 바구니 속에 몰래 들어가는 것으로 그려졌다.

이 그림은 정말 외설스러운 풍자였다. 뱀의 성적 상징은 설명할 필요가 없지만, 로마에서는 무화과도 똑같이 강력한 성적 상징이었다. 두 손가락 경례에 해당하는 로마어는 '퓌코fico' 즉 '퓌그fig(무화과)'인데, 이 경례 모양은 주먹을 쥔 상태로 첫 두 손가락 사이에 엄지손가락을 끼워 넣어 만든다.

안토니우스와 클레오파트라의 죽음을 둘러싼 의문점은 많다. 그들의 시신은 어디로 갔을까? 기록에는 옥타비아누스가 두 사람의 바람대로 함께 묻히게 해 주었다고 돼 있지만, 짓궂게도 무덤의 정확한 위치는 나와 있지 있다. 이는 아마 그 무덤이 일종의 혁명 집결지가 되는 것을 원하지 않아서 일부러 누락시킨 것으로 보인다. 더구나 그들이 알렉산드리아Alexandria의 웅장한 궁전 근처 어딘가에 묻혔다면, 그 무덤은 지금 바다 밑에 가라앉아 영원히 사라졌을 것이다.[41] 2001년까지 이집트 고대유물부 장관Minister of Antiquities을 역임했던 논쟁적인 저명한 고고학자 자히 하와스Zahi Hawass 박사는 타포시리스 마그나Taposiris Magna에 있는 오시리스 신전Temple of Osiris 유적지에서 48km 내륙으로 들어가 수색 작업에 몰두하고 있다. 여기에서 그는 클레오파트라와 안토니우스가 그려져 있는 많은 동전들을 발견했다. 그뿐 아니라 사원을 둘러싼 밀실에 안장된 미라들이 오시리스 신전 쪽으로 머리를 향하고 있어서 그곳에 중요한 누군가가 안치되어 있다는 사실을 암시하고 있다고 한다.

---

41 365년에 일어난 지진으로 고대 알렉산드리아의 일부가 물속에 잠겼는데, 프톨레마이오스 왕조의 궁전들도 이때 가라앉았다.

모차르트를 죽인 것은 매독일까, 살리에리일까?

○
●

모차르트가 음악적 천재라는 것은 아마도 의문의 여지가 없을 것이다. 신동이었던 그는 자신의 이름을 쓰기도 전에 음악을 작곡할 수 있었다. 그의 교향곡 중 절반이 8세에서 19세 사이에 지어졌다. 한편 그는 배설물에 병적으로 집착했던 광적인 변태여서, 그와 비슷한 성향인 어머니와 교환한 편지 내용들은 여기서 언급되거나 인용될 수 없을 정도다. 아이네 클라이네 나흐트뮤지크Eine Kleine Nachtmusik(소야곡)를 작곡해 낸 똑같은 머리가 자신의 B플랫 장조 캐논 231번에는 '레크 미히 임 아르슈Leck mich im Arsch'(내 엉덩이를 핥아 줘)라는 제목을 붙였다는 정도만 말하고 싶다. 여기에 밝힐 수 없는 제목으로 이 곡의 후속곡을 쓰기도 했다. 그가 정말 알려진 대로 질투심에 눈이 먼 라이벌 안토니오 살리에리Antonio Salieri에게 살해되었을까? 이 인기 있는 이야기는 많은 상과 호평을 받았던 영화《아마데우스Amadeus》(1984)에서 실화인 것처럼 그려졌다. 많은 사람들이 알고 있는 모차르트와 살리에리의 관계는 이 영화를 통해 정형화되었다.

영화에서 모차르트 역은 발랄한 톰 헐스Tom Hulce가 맡았고, 건방진 젊은 천재에게 뒤를 바짝 쫓기는 신경쇠약자 살리에리 역은 장년의 F. 머레이 아브라함F. Murray Abraham이 맡았다. 하지만 원래 모차르트는 1756년생, 살리에리는 1750년생으로 나이가 비슷했다. 그리고 비엔나에서 두 사람이 만났을 당시 살리에리는 비엔나의 카펠마이스터Kapellmeister[42]라는 확고한 직책을 가진 단연 최고의 음악가였다. 비엔나에서 유일했던 이 음악 라이벌은 독일파와 이탈리아파의 여러 전선에서 부딪치는 관계였다. 하지만 각 파를 이끄는 중요 인물이었던 모차르트와 살리에리 간에 서로 개인적인 원한이 있었던 특별한 증거는 없다.

신체적으로 건강하지 않았던 모차르트는 이미 매독, 장티푸스, 천연두, 기관지염, 폐렴, 세 차례의 류마티즘 열병을 겪다가 1791년 11월에 들어 급작스럽게 쇠락해졌다. 당시 겨우 35세였다. 모든 목격자들의 증언에 따르면, 그의 상태는 고열, 구토, 이중 요실금, 심한

---

42 관현악 또는 취주악 등의 지휘자. ―편집자 주

발한 등의 특징을 보였고, 방에서는 부패하는 악취가 심하게 났다고 한다. 그 후, 그는 2주 만에 몸 전체가 크게 부어오르더니 의식불명 상태에 빠져 죽음을 맞는다. 실은 병상에 눕기 시작할 때부터 자기 아내 콘스탄체Constanze에게 횡설수설하면서 스스로 독살설 루머를 퍼뜨리기 시작했다. 이탈리아파의 누군가가 물과 구분이 안 되는 무색 무미無味의 치명적인 혼합제인 ─ 비소, 납, 벨라도나를 섞은 ─ 아쿠아 토파나Aqua Tofana[43]를 자신에게 몰래 먹였다는 것이었다. 이 혼합제는 17세기 초에 이탈리아 팔레르모Palermo의 줄리아나 토파

―――

43 '토파나의 물'이라는 뜻.

나Guilia Tofana라는 여자에 의해 발명된 것으로 보인다. 아직도 많은 이들이 그 약에 서서히 작용하는 독성이 들어 있다고 믿지만 이는 순전히 지어낸 이야기이다. 런던의 뉴 칼리지 오브 휴머니티즈New College of Humanities의 결출한 교장인 A. C. 그레일링A. C. Grayling은 그의 책 『사물의 중심The Heart of Things』(2006)에서 이 주제를 다루면서 이 이야기가 유럽의 귀족 사회를 겁주고 자극하는 데 사용된 도시 괴담이라고 주장했다. 실제로 그런 독이 존재해서 모차르트가 먹었다면 그는 누군가에 무슨 말을 할 기회조차 갖지 못했을 것이다.

비소砒素를 집어넣은 이 치명적인 약이 한 차례만 투여되었어도 모차르트는 몇 시간 만에, 오래 가 보았자 며칠 안에 죽었을 것이다. 어떤 독살범들은 약을 조금씩 투여하는 것을 좋아하지만, 이렇게 하려면 희생자에게 꾸준하게 접근해야 한다. 그러나 기록으로 충분히 검증되었듯이 그의 전체 투병 기간 중 병상을 지켰던 유일한 이들은 직계 가족과 의사 니콜라우스 클로세트Nikolaus Closset뿐이었다.

모차르트가 겪은 증상은 비소 중독 증상과 일치하지 않기 때문에 어떤 이들은 그가 당시 도시에 횡행하던 연쇄상구균streptococcus에 감염되어 이 병의 공격적인 단계를 앓고 있었던 것뿐이라고 추측했다. 워싱턴 대학University of Washington의 얀 허쉬만Jan Hirschmann 교수는 2001년에 대체이론을 내놓으면서 모차르트가 돼지고기로 인해 걸리는 선모충병에 걸렸던 것이라고 주장했는데, 많은 이들이 이 주장을 신빙성 있게 여긴다. 모차르트가 돼지고기를 매우 좋아했기 때문이다. 돼지고기에 종종 감염되는 선모충[44]이 제대로 조리가 안 된 음식에 살아 남아서 인간을 감염시킬 경우 실제로 모차르트가 겪은 것과 유사한 증상이 유발된다. 후향적 진단retrospective diagnosis은 정확한 과학으로 볼 수 없고 병의 원인을 규명하기보다는 죽음의 원인을 하나씩 배제시키는 데 유용하지만 허쉬만의 논문은 그의 죽음이 비소나 다른 독극물과 관련이 없다는 사실을 열심히 설명하고 있어 특히 흥미롭다.

인기 있는 낭설 중 하나는 눈보라가 휘몰아치는 날 참석한 사람도 거의 없이 빈민층 무덤에 묻힌 무일푼 모차르트의 이미지이다. 모차르트는 조셉 황제Emperor Joseph에 의해 1784년에 선포된 비엔나 장례법에 의해 다른 시민들처럼 공동묘지에 묻혔다. 비엔나 장례법은 묘지의 공간이 부족해 모든 시민이—물론 특권층을 제외한— 10년마다 다시 파헤쳐져서 유골이 제거되고 재활용되는 공동묘지에 매장되도록 하는 법이었다. 고트프리트 판 스비텐Gottfried van Swieten 남작에 의해 준비된 그의 장례식에는 살리에리와 몇몇 유명 음악가들을 비롯해 많은 이들이 참석했다고 한다. 폭풍우가 휘몰아쳤다는 헛소리는 장례식에 참석했다고 거짓말했던 조셉 다이너Joseph Deiner라는 저널리스트가 지어낸 것이다. 그는 1856년 1월 28일 비엔나에서

---

44 사람, 개, 돼지 등에 기생하여 작은창자나 림프 또는 혈류를 따라 이동하다가 근육 속에 기생하여 고열이나 근육통을 유발한다. —편집자 주

발행된 『모르겐 포스트Morgen-Post』에 애처롭게도 몇 안 되는 애도자들만이 몰아치는 폭풍우 속에서 웅크리고 있다가 서둘러 그곳을 빠져나갔다고 썼다. 하지만 비엔나 관측소에는 1791년 12월 6일의 날씨에 대해 안개가 자주 꼈지만 온화했으며, 하루 종일 약한 동풍만 불었고, 기온은 영상 2.5°C~3°C였다고 기록돼 있다.

장례식이 끝나자, 독살에 대해 모차르트가 집착적으로 떠들어 대던 말들이 소문이 되어 비엔나 일대에 퍼졌다. 이탈리아파를 비공식적으로 이끌고 있던 살리에리는 그가 앙심과 시기심에 사로잡혀 젊은 천재를 죽였다는 소문으로 괴롭힘을 당했다. 그런데 너무도 많은 전기에서 신경질만 부려대는 머리가 텅 빈 여자로 묘사되는 모차르트의 아내 콘스탄체는 남편의 사망 몇 년 후 아들 프란츠를 살리에리에게 개인 교습을 위해 보냈고, 이로써 그 소문의 신빙성은 크게 떨어졌다. 살리에리가 남편을 죽였다고 생각했다면 도저히 그렇게 할 수 없을 것이기 때문이다. 여러 언어를 구사할 줄 아는 수준 높은 소프라노였던 그녀는 모차르트 사후에도 유럽 전역의 추모 콘서트를 관리했고, 그의 작곡 목록을 부지런히 보호함으로써 그의 죽음이 그의 명성의 출발점이 되도록 만들었다.

살리에리는 자신을 살인자로 낙인찍은 악의적인 소문에 정신적으로 짓눌려 지냈고, 그의 음악 인생도 뒤에서 몰래 비웃는 이들로 인해 발목이 붙잡혔다. 상황이 악화되어 1823년에 치매로 입원했을 때는 정처 없이 다니다가 정신이 나간 듯 자신이 모차르트를 죽

모차르트의 자손들

볼프강 아마데우스 모차르트Wolfgang Amadeus Mozart로 알려져 있지만, 이 작곡가의 세례명은 요하네스 크리소스토무스 올프강구스 테오필루스 모차르트Johannes Chrysostomus Wolfgangus Theophilus Mozart라는 긴 이름 이었다. 이름이 발음하기 어렵고 길어서 그의 아내나 친구들은 그를 그 냥 볼페를Wolferl이라고 부른 것 같다.

모차르트와 콘스탄체는 6명의 자녀를 두었지만 2명만이 유아기를 넘 겨 생존했다. 이후, 두 자녀 중 프란츠 사버Franz Xaver는 1844년에, 칼 토 마스Karl Thomas는 1858년에 사망했다. 둘 다 결혼을 하거나 자녀를 두 지 않았다. 프란츠는 작곡가 겸 지휘자로서 어느 정도의 성공을 누렸지 만, 칼은 리보르노Livorno에서 피아노 가게를 하다가 파산한 후 대부분의 여생을 사무직에 재직하며 보냈다. 칼이 죽었을 때 모차르트의 직계 가 문도 끝나게 된다.

하지만 20세기까지 이어져 내려온 모차르트의 방계 가족으로 1917년 에 사망한 마리아 애너Maria Anna의 증손녀 버사 포스터Bertha Forschter 가 있고, 모차르트의 아버지 레오폴드Leopold의 조카 손녀 카롤린 그라우 Karoline Grau의 경우 1965년에 세상을 떠났다.

였다고 외쳤다고 한다. 1830년에 푸쉬킨Pushkin은 〈모차르트와 살리 에리〉라는 멜로 희곡을 써서 살리에리에게 음험한 살인자라는 꼬리

표를 확실하게 달아주었고, 이 희곡은 1897년 림스키 코르사코프 Rimsky-Korsakov에 의해 동명의 오페라로 재탄생했다. 1979년 피터 샤 퍼Peter Shaffer는 푸시킨의 희곡을 토대로 자신의 희곡 〈아마데우스〉 를 완성했는데, 영화화된 이 희곡은 전형적인 두 주인공의 모습이 사람들의 머릿속에 각인되게 만들었다.

모차르트를 둘러싼 미스터리는 여기서 그치지 않는다. 그의 유골 마저도 수상한 일에 휘말렸다. 한 이야기에 따르면, 모차르트가 묻혔 던 세인트 막스 묘지St Marks Cemetery의 묘지 관리인 조셉 로드마이어 Joseph Rothmayr는 모차르트의 장례에 참석할 당시, 나중에 식별할 수 있게 시체의 목에 긴 철사를 감아 두었다고 한다. 그는 10년 후 묘지 가 다시 파헤쳐질 때 그곳에 찾아가서 모차르트의 두개골을 유품으 로 훔쳐왔다.

로드마이어는 은퇴하면서 후계자인 조셉 래드쇼프Joseph Radshopf 에게 그 섬뜩한 전리품을 남겼고, 래드쇼프는 1842년에 그것을 다 시 자콥 허틀Jakob Hyrtl이라는 비엔나 조각사에게 넘겨주었다. 허틀 은 그 두개골이 책상 너머에서 자신을 '노려보고' 있는 것에 불안해 져서, 그것을 동생인 비엔나 대학 해부학 학과장 조셉Joseph에게 넘 겼다. 조셉은 현재는 신망이 떨어진 골상'학'에 관심이 많아서 소장 품을 많이 수집하고 있었다.

모차르트의 고향 잘츠부르크Salzburg에서 그 해골을 200탈러

thaler[45]라는 상당한 금액에 사들이려 했지만 조셉은 이를 거절했다. 그 후 허틀의 가족은 그것을 비엔나의 국제 모차르트 재단International Mozarteum Foundation에 기증했다. 이뿐만이 아니다.

2006년에 오스트리아 방송사Austrian Broadcasting Corporation는 ― 자국에서는 ORF로 알려져 있다 ― 유전학자 팀을 고용하여 모차르트 재단이 보관하고 있는 해골이 실제로 오래전에 죽은 그 작곡가의 것인지 아닌지를 밝혀냈다. 모차르트의 조카딸 자네트Jeanette와 잘츠부르크의 성 세바스찬 공동묘지에서 파낸 모차르트의 할머니 에바 로진 퍼틀Eva Rosine Pertl의 유해에서 DNA를 채취해, 그 해골의 치아에서 추출한 DNA와 비교 테스트를 했다. 그런데 놀랍게도, 세 샘플 중 두 샘플 사이에는 어떤 유전적 연결도 성립되지 않았다.

모차르트의 나머지 친족들이 모차르트처럼 난잡했다면 그 가문 전체에 걸쳐 서출의 출생이 만연했다는 것은 그리 놀랍지 않지만, 그게 아니라면 ― 그렇더라도 ― 모차르트 재단이 보관하고 있는 해골은 그 작곡가의 것이 아니다.

비엔나와 잘츠부르크 음악계에서는 모차르트의 해골이 십여 개가 있다는 설이 돌고 있다. 하지만 그중에서도 진짜 해골은 3개뿐이라고 한다.

---

45 수백 년 동안 유럽에서 쓰였던 은화.

국가 기밀을 알고 있던 라스푸틴의 최후

○
●

1869년에 태어난 그리고리 라스푸틴Grigori Rasputin은 최면술로 당시 러시아 황태자가 앓고 있던 혈우병을 치료했다고 하는 책사策士이다. 그에게는 사람들을 휘어잡는 능력과 권모술수가 있었다고 한다. 그는 1905년에 황태자에 의해 황제의 내부 인사로 배치되는데, 동일한 최면술로 여제를 유혹하여 지위를 남용한다는 스캔들에 휘말려 결국 러시아 귀족들의 손에 죽게 되었다고 전해진다. 그를 암살하는 과정에 얽힌 끔찍한 이야기도 매우 비현실적이어서 아직도 많은 영화의 소재로 다루어지고 있다.

부스스한 머리를 한 이 신비주의자에게 독극물을 먹인 다음, 연거푸 총을 쏘고 칼로 찌르고, 개수대를 제외한 모든 주방 도구로 두들겨 패고, 양탄자에 돌돌 말아 얼음장 같은 네바강Neva에 던진 순간에도 그가 살아 있었다는 이야기가 전해진다. 이 드라마 같은 이야기 역시 끔찍한 날조로 보이는데, 사실 라스푸틴은 1916년에 영국 비밀 정보국British Secret Intelligence Service에 의해 암살당한 것으로 추정된다. 그런데 그런 썩어빠진 일개 농부가 어떻게 당대 최고 왕실의 신임을 얻을 수 있었을까?

황제 니콜라스 2세Nicholas II와 황후 알렉산드라Alexandra 부부의 러시아 왕실은 상상을 초월할 정도로 부유했지만, 나라의 많은 부분은 유럽이 오래전에 폐기한 중세 문화에서 벗어나지 못한 채로 1892년까지 농노 제도를 유지하고 있었다. 많은 왕실 사람들이 주술에 사로잡혀서 자신들을 신에게 연결시켜줄 선지자를 계속 찾았다. 니콜라스 황제는 신이 정신 나간 사람들의 입을 통해 계시한다고 믿고서, 계속 미치광이들 — 또는 미치광이 흉내를 내는 협잡꾼들 — 을 불러들여 내정과 외교 정책에 관해 상담을 받았다.

1903년에는 해리 후디니Harry Houdini(헝가리 출신의 마술사)라고 불리는 에릭 와이스Eric Weiss가 궁정에 초청받아 마술 공연을 하게 되는데, 황제는 그에게 홀딱 빠지고 만다. 황제는 마술은 모두 눈속임이라는 후디니의 주장에도 아랑곳하지 않고, 그를 자신들이 애타게 기다려오던 진정한 볼셰브니크Volshebnik(마술사 또는 기적의 남자)라고 선언한다.

왕은 후디니에게 왕궁에 머물러달라고 간청하지만, 그는 정중히 사절하고 왕궁을 빠져나온다. 후디니가 나중에 고백하기를, 왕궁이

자신을 공연하는 동물처럼 가둬둘지도 모른다는 것이 가장 두려웠다고 한다. 마침 라스푸틴이 볼쉐브니크의 자리를 꿰차기 위해 성 페테르부르크St Petersburg에 도착했다.

　황제는 라스푸틴에게 치유 능력이 있다는 소문을 듣고, 황태자의 혈우병에 무슨 방법이 있지 않을까 하여 그를 왕궁으로 불러 들였다. 그때 라스푸틴은 내출혈, 외출혈로 인해 황태자에게 일어난 극심한 발작을 효과적으로 가라앉혔다. 어떤 이들은 그가 소년을 진정시키고 심장 박동을 늦추기 위해 최면술을 사용했다고 주장하나, 라스푸틴이 메스머Mesmer[46]의 최면술을 쓸 줄 알았다는 증거는 없다. 라스푸틴이 거머리와 아스피린이라는 경이로운 신약을 사용했던 궁정의사들의 출입을 제한한 것이 치료 효과를 냈다는 이야기가 더욱 신빙성이 있다. 아스피린은 효과 좋은 혈전血栓 용해제이기 때문에 혈우병 환자에게는 좋은 치료제가 아니었다. 라스푸틴의 어떤 면모이든 뭔가 황태자의 병에 효과가 있었기에, 황제와 황후가 그때부터 그의 노예가 되었던 것으로 보인다.

라스푸틴은 왕족들을 조종하기 위해 그들이 약물을 계속 복용하게 만들었다. 결국 황후는 신경안정제, 코카인, 모르핀 등에 중독되었고, 황제는 향정신성 물질인 사리풀로 만 마리화나를 끊임없이 피웠다. 이제 자신이 외교정책에까지 영향을 미칠 위치에 올랐다고 생각되자 라스푸틴은 러시아를 1차 세계대전에서 철회시키도록 황제에게 압력을 넣기 시작했다. 그러나 이것이 그를 파국으로 몰았다. 러시아 황제를 조종하는 라스푸틴의 영향력을 익히 알고 있던 영국 비밀 정보국 내부에 비상벨이 울리기 시작했다. 영국 정보국은 라스푸틴이 독일 첩보국과 내통하면서 독일과 평화협정을 맺으라고 황제에게 권유하고 있다고 의심했다. 러시아가 철수하면 35만 명의 독일군이 서부 전선으로 방향을 틀게 되어, 전세가 독일에게 유리해지

---

46 최면술의 창시자로 불리는 독일의 의사. —편집자 주

기 때문이었다. 즉, 그들의 입장에서 라스푸틴은 사라져야 했다.

첩보기관의 작전은 본질적으로 기밀 사항이기 때문에 우리가 확실하게 알 수는 없지만, 다음은 라스푸틴의 죽음과 관련한 당시 사건들을 재구성한 것이다. 1916년 말에 비밀 정보국의 오스왈드 레이너Oswald Rayner 대위는 그와 한때 연인관계였던 왕자 펠릭스 유스포프Felix Yusupov에게 다시 연락하라는 명령을 받는다. 대담한 의상도착자transvestite이기도 했던 유스포프와 레이너는 옥스퍼드에서 함께 공부한 사이였는데, 유스포프는 라스푸틴를 제거하고자 하는 왕실 인사 중 한 명이었고 레이너는 이미 페트로그라드Petrograd(1차 대전 초부터 성 페테스부르크로 이름이 바뀌었다)에 거점을 마련하고 있었다.

레이너와, 유스포프의 가정교사였던 아버지로 인해 유스포프 궁전에서 태어난 그의 부관 스티븐 앨리Stephen Alley, 존 스케일John Scale이라는 요원, 이렇게 셋은 암살 작전을 펼치기 시작했다. 레이너가 유스포프와 접촉해 며칠을 함께 보낸 뒤, 드디어 암살이 일어났다. 이 사실은 레이너의 운전사가 살해 전날과 살해 후에 모이카궁Yusupov Moika Palace[47]을 찾았던 사실을 자세히 기록해 놓은 자료로 입증되고 있다.

1916년 12월 30일 ─ 구 러시아 달력으로는 12월 17일이었다 ─

─────

47 모이카 운하가 흐르는 곳에 위치한 유스포프 가문의 궁전.

유스포프의 모이카궁에서 술파티를 열어 라스푸틴을 초대하기로 뜻이 모아졌다. 유스포프를 비롯한 다른 러시아 귀족들까지 달려들어 상당히 잔인한 격투가 벌어지는 가운데 라스푸틴에게 총탄이 한 발 발사되었다. 레이너가 다가가 445경 웨블리Webley 권총의 총구를 라스푸틴의 이마 정중앙에 바짝 대고 총알을 날렸다. 죽지 않으려고 몸부림치며 침을 질질 흘리는 악마 따위는 없었다. 그는 감자 포대처럼 고꾸라졌다. 러시아 쪽 사람들이 평정을 찾으려고 애쓰는 동안, 레이너 일당은 라스푸틴의 몸을 묶어서 양탄자로 돌돌 만 다음, 어두운 밤을 틈타 인근의 차가운 강물에 유기했다.

당연히 유스포프 자신이 대중에게 전하고 있는 괴기한 이야기에는 외국 요원들이 러시아 내정에 관여했다는 사실이 감춰져 있다. 당시 많은 이들이 라스푸틴을 악마의 화신으로 여겼는데, 유스포프가 그를 제거했다는 이유로 그는 러시아의 구세주처럼 그려지게 되었다.

유스포프가 전하는 이야기에 따르면, 그는 라스푸틴이 방문하기 전에 모든 케이크와 마데이라주Madeira(백포도주)에 다량의 청산가리를 묻혀 놓았다고 한다. 그 악마 같은 손님은 내일이 없는 것처럼 꿀꺽꿀꺽 먹어대고 마셔댔다. 유스포프는 근거리에서 라스푸틴의 심장을 겨냥해 총을 두 방 쏘았고, 이에 라스푸틴은 더욱 난동을 부렸다. 이제 다른 귀족들까지 가세하여 희생자를 향해 총을 몇 번 더 난사하고, 칼로 찌르고, 머리를 발로 걷어차고, 목을 찍어 눌렀다. 그들은 라스푸틴을 죽게 내버려 둔 채 양탄자를 가지러 갔는데, 그들이 돌아오니 라스푸틴이 다시 벌떡 일어나 그들을 공격했다. 이로 인해 총이 몇 번 더 난사되고, 칼로 찌르고, 두들겨 패는 사태가 다시 벌어졌다. 그들은 여전히 으르렁대던 라스푸틴을 양탄자에 둘둘 말아 강물 속으로 던졌다.

유스포프 이야기에 나와 있는 첫 번째 문제점은 라스푸틴이 먹기에는 고통스러웠을 마데이라 포도주와 작은 케이크에 관한 부분이다. 1914년 6월 29일에 라스푸틴은 키오니야 구세바Khioniya Guseva라는 농부 여성에게 공격을 당하는 일을 겪는다. 그녀는 그의 복부를 찌른 다음 거리를 뛰어다니며 자신이 반反그리스도인을 죽였다고 외쳤다. 그때의 사고 후유증으로 라스푸틴은 과다 산증hyper-acidosis을 앓게 되어 설탕을 조금이라도 섭취하면 극도의 고통을 겪었다.

더군다나 드미트리 코소로토프Dmitry Kossorotov 교수가 수행한 원래의 부검에서도 그의 사체 안에서 어떤 독극물의 흔적도 발견되지 않았다. 그 교수는 유스포프의 이야기만 믿고 독극물의 흔적을 열심히 찾았다. 그의 폐에서도 물의 흔적이 발견되지 않았다. 그의 사인은 큰 구경의 권총에 의해 이마에 가해진 한 발의 총격 때문인 것으로 밝혀졌다.

이 부검은 1993년 블라디미르 자로프 박사Dr. Vladimir Zharov에 의해 검토된 후, 다시 2005년에 저명한 법의학 병리학자 데릭 파운더 박사Dr. Derrick Pounder에 의해 검토되는데, 둘 중 누구도 원래의 부검에서 과실을 발견해내지 못했다.

2005년에는 제국 전쟁 박물관Imperial War Museums의 총기부Firearms Deparrment도 가담했는데, 여기서는 당시 라스푸틴의 머리에서 찍은 법의학 사진들을 연구한 결과 '(그 결정적인 총격의) 진입점 둘레의 크기와 돌출의 정도를 보아 외피가 없는 커다란 납 총알'을 사용한 것임을 알 수 있다고 언급했다. 그들은 이 총알이 영국인 장교의 웨블리 445 구경에서 나온 것으로 추정했다. 당시에는 영국에서만 제식 권총들에 외피 없는 무거운 납 총알을 사용하고 있었기 때문이다.

라스푸틴의 딸 마리아Maria는 신변이 위태로워지자 부카레스트Bucharest로 도주하여 '외국' 무용수 생활을 했다. 그 후 미국으로 건너가 링글링 브로스 서커스Ringling Bros Circus에서 사자 조련사로 있었다. 유스포프 역시 미국으로 건너갔다. 그는《라스푸틴과 황후Rasputin and the Empress》(1932)라는 영화가 자신의 아내 이리나 유스포프Irina Yusupov를 라스푸틴의 성적 대상자 중 하나로 묘사한 것을 보고, 그 영화를 제작한 MGM 사를 상대로 고소했다. MGM은 이 소송으로 막대한 합의금을 지불해야 했다. 그때부터 모든 영화 제작자들은 지금은 우리에게 친숙한 표현인 '본 영화는 생존하거나 사망한 그 어떤 실존 인물과 관련 없이 제작되었습니다'라는 면책 조항을 영화 안에 집어넣게 되었다.

라스푸틴은 생전보다 사후에 더 문제적 인물이 되었다. 러시아를 1차 세계대전에서 철수시킬 수 있었던 그 남자를 영국인들이 살해

라스푸틴의 실체

1869년에 시베리아에서 그리고리 예프모비치 노비크Gregori Yefimovich Novykh로 태어난 라스푸틴은 십대 시절 반사회적인 행동과 사소한 범죄에 많이 연루되었던 문제아였다. 1887년에 프라스코비아 두브로비나 Praskovya Dubrovina와 결혼하여 7명의 자녀를 둔다. 1897년에 말 절도죄로 도망다니는 신세가 되는데, 그의 버려진 아내는 마지막까지 그리고리에게 헌신적이었다. 그들 자녀 중 마리아Maria, 디미트리Dimitri, 바바라 Vavara 셋만이 생존하여 성년이 되었다.

그리고리가 길거리의 생활을 하다가 깨달은 것은, 소요하는 신비주의자 행세를 하면 이득거리가 생긴다는 사실이었다. 그러다 라스푸틴이라는 별명까지 사용하기 시작했다. 라스푸틴은 '탕아'라는 뜻인데, 죄를 통해 구원을 얻는다는 개념이 들어 있다. 말할 필요도 없이, 그는 자신의교리 밑으로 쉽게 초심자들을 끌어모았다.

1905년 무렵 그는 성 페테스부르크에서 자신이 매력을 한껏 발산하면서, 황제의 사촌들과 결혼한 몬테네그로의 공주들인 밀리샤Militsa와 아나스타샤Anastasia를 현혹시켰다. 그 나머지는 이미 알려져 있는 이야기대로 흘러간다.

한 것에 대해 화가 난 독일인들은 1917년에 레닌에게 관심을 돌렸다. 그런데 레닌이 스위스로 망명하자 토라져서 이제 다시 트로츠키에게 관심을 돌렸다. 당시 트로츠키는 뉴욕에서 전전하고 있었다. 독일은 트로츠키의 주머니에 금화를 채워서 그를 러시아로 돌려보냈다. 마찬가지로, 레닌에게도 금화 5000만 마르크와 함께 비밀 훈련을 시킨 다음, 그를 러시아로 돌려보내 혼란한 정국을 장악하게 만들었다. 러시아는 국내에서 일어난 봉기로 정신이 없었고 유럽의 다른 전쟁에는 가담할 여력이 없어졌다. 돈의 효력이 제대로 발휘된 것이다. 결국 러시아는 자본주의에게 자금을 지원 받은 공산주의 혁명의 결과로 1차 세계대전에서 철수했다.

크리펜이 정말 아내를 죽여
지하실에 묻었을까?

○
●

영국 범죄사에서 의사 홀리 하비 크리펜Dr. Hawley Harvey Crippen이 계속 명성을 유지하고 있는 것은 ―잭 더 리퍼 바로 다음으로― 정말 미스터리이다. 그가 죽인 사람은 기껏해야 겨우 한 명이고, 그의 시대에는 현대에 이름이 알려지지 않았을 뿐 더욱 왕성한 살인자들이 존재했는데 말이다. 더구나 런던 홀로웨이Holloway 지구의 힐드롭 크레센트Hilldrop Crescent 39번지에 있는 그의 집 지하실에서 발견된 유골은 사실 그의 아내의 것도 아니었다. 하지만 그는 아내 살인죄로 1910년에 교수형에 처해졌다.

그에게 붙는 직함 '의사'도 실은 약간 과장되었다. 크리펜은 1884년에 잠깐 동안 동종 요법을 공부한 뒤 클리블랜드 동종요법 의과대학Cleveland Homeopathy Medical College을 '졸업했을' 뿐이다. 그는

1894년에 뉴욕으로 이주하여 개업을 하는데, 그곳에서 엄청나게 비현실적인 야망과 왕성한 성욕을 지녔으며 코라Cora 라고도 알려진 쿠니군드 매카모츠키Kunigunde Mackamotski 를 만나 결혼한다. 작은 체구에 생쥐처럼 생긴 크리펜이 자신이 맘대로 주무를 수 있는 고분고분한 밥줄이라는 사실을 그녀는 금세 깨달았다. 그녀는 야심을 실현하려고 크리펜을 졸라 런던으로 이사를 갔다. 하지만 런던에서는 그의 대단치 않은 자격증으로 특허 의약품을 판매하는 일밖에는 할 게 없었다. 1905년 무렵, 이들 부부는 힐드롭 크레센트에서 살았는데, 크리펜의 빈약한 수입을 보충하기 위해 하숙을 열어야 했다. 이때부터 코라는 하숙인들과 바람을 피기 시작했고 1908년에는 크리펜에게도 에델 르 니브Ethel Le Neve 라는 젊은 애인이 생겼다. 1910년 1월 31일, 집에서 열렸던 파티가 끝난 후 어느 날 갑자기 코라가 종적을 감추었고 크리펜은 아내가 미국으로 건너갔다가 캘리포니아에서 갑자기 사망했다고 설명한다.

그 후, 크리펜의 젊은 연인 니브가 힐드롭 크레센트로 들어와 코라의 옷과 보석을 맘대로 두르며 뽐내고 다녔다. 이를 본 코라의 친구들이 경찰에 의혹을 제기했고, 런던 경찰국의 경감 듀Dew 는 수사를 위해 크리펜을 방문한다. 크리펜은 사실 아내가 브루스 밀러Bruce Miller 라는 배우와 함께 미국으로 도망갔는데, 그 수치스러운 짓을 덮어주기 위해 거짓말을 한 것이라 진술했고, 경찰은 엉성한 수색을 마치고 떠났다. 그 후, 크리펜과 니브는 자신들이 저지르지도 않

은 살인죄로 체포될까봐 불안한 나머지 앤트워프Antwerp로 달아났
다. 그 둘은 로빈슨Robinson이라는 성씨를 쓰는 아버지와 아들—니
브—로 위장한 뒤 캐나다행 SS 몬트로즈호Montrose에 몸을 싣는다.
그들이 런던에서 사라지자 힐드롭 크레센트에는 더 많은 수색이 이
루어졌고, 급기야 지하실 벽돌 바닥에서 인간의 유해가 발견되었다.
그 무렵 듀 경감은 몬트로즈호 선장으로부터 변장한 로빈슨 '소년'
이 의심스럽다는 전보를 받았고, 몬트로즈호보다 더 빠른 SS 로랑틱
호Laurentic를 타고 제시간에 캐나다에 도착하여, 그들을 기다리고 있
다가 체포했다.

크리펜은 영국으로 송환되었고, 그의 재판은 1910년 10월 18일,
올드 베일리Old Bailey에서 병리학자이자 법의학자의 시조 격인 버
나드 스필즈베리Bernard Spilsbury가 검찰 측 주요 증인으로 참석한 가
운데 시작되었다. 스필즈베리는 학문적 자격에는 한계가 있었지만,
잘생기고 카리스마 넘치는 모습으로 법정에서 존재감을 떨쳤고, 그
를 대적할 이가 거의 없을 정도로 권위 있게 자신의 의견을 주장하
는 능력이 있었다. 실은 법정에 그의 얼굴이 나타나면 모든 피고에
게 불길한 일이 벌어진다는 얘기도 떠돌았다. 스필즈베리는 피부 조
직 샘플에 남아 있으면서 아직도 눈에 보이는 흉터가 맹장수술 의료
기록과 일치하기 때문에 그 유해가 코라 크리펜의 것이라고 주장했
다. 유해에서는 코라가 실종되기 직전에 크리펜이 구매해놓은 히오

스필즈베리의 말로

1920년대에 들어서자, 많은 이들이 스필즈베리에 대해 문제를 제기했다. 그가 유죄 평결의 확증에 쓰도록 제시하는 법의학 증빙과 관련한 의견도 문제가 많았고, 폐쇄된 영안실 문 뒤에서 혼자 작업하기를 고집하는 사실도 수상했다.

1923년에는 스필즈베리의 단독 증거가 제임스 엘리스James Ellis 병장을 살해한 혐의로 기소된 알버트 디언리Dearnley 병장에 대해 유죄 평결을 확증했다. 겨우 29분 간의 배심원 심의 후, 스필즈베리는 디언리가 피해자를 질식사시키기 위해 결박하고 재갈을 물렸다는 사실을 결정적으로 '입증했다.'

사실 두 사람은 질식 결박 게임을 하던 동성 애인들이었다. 스필즈베리는 이 사실을 알고 있는 상태로 증인석에 섰지만 그 자신이 동성애를 매우 혐오했고, 더구나 군대 내에서 그런 행동이 벌어진 것을 밝혀 괜한 물의를 불러일으키고 싶지 않아 이 사실을 발설하지 않았다. 하지만 그 은폐된 증거는 적시에 공개되어 디언리를 교수형에 처해질 위기에서 구했다. 그런데도 스필즈베리는 그가 동성애자이기 때문에 어쨌든 교수형에 처해져야 한다는 냉정한 의견을 낸다. 1947년 그의 사생활과 명성이 너덜너덜해질 즈음, 스필즈베리는 런던 대학University College London 자신의 실험실에서 가스 자살을 했다.

스신의hyoscine[48] 성분이 높은 수준으로 검출되었고, 유해 곁에는 그녀의 머리카락이 남아 있는 컬링 도구가 있었으며, 크리펜의 침실에 있던 파자마에 달린 끈도 함께 발견되었다고 주장했다. 이 파자마의 브랜드는 1908년 이전 즉, 사건이 일어나던 시기의 영국 시장에서는 흔히 보기 힘든 것이었다. 모든 것이 확실하게 유죄를 증명하고 있었다. 스필즈베리가 증언을 마치고 나자, 배심원들은 겨우 27분간 자리를 비웠다가 유죄 평결을 가지고 돌아왔다. 그 결과, 크리펜은 11월 23일에 교수형에 처해졌고, 주검은 런던 펜톤빌 교도소Pentonville Prison의 경내에 묻혔다.

이렇게 겉보기에만 확증적이었던 증거는 나중에 재조사되었고, 크리펜의 유죄에 심한 의문점들이 일어났다. 스필즈베리가 표시해 둔 히오스신은 사실 위장약으로 흔하게 사용되어 많은 가정에 구비된 상비약이었다. 그리고 파자마 끈은 수사가 진전이 없자, 초조해진 경찰이 크리펜에게 혐의를 뒤집어씌우려고 일부러 가져다 둔 것이었다. 더구나, 검찰은 미국에 있다는 코라로부터 날아 온 편지를 '묻어 두고서' 변론에 제출되지 못하게 하고 있었다. 편지에서 코라는 자신의 거주지를 밝혀서 크리펜을 곤경에서 구해주고 싶은 마음이 없다고 크리펜을 놀리고 있었다. 크리펜과 많은 다른 이들을 사형대

---

48 진통제나 위장약으로 쓰였던 약제.

로 보낸 스필즈베리의 독단적인 주장들은 근거가 매우 부실했고 '조
작되기'까지 했는데, 이는 스필즈베리가 자신의 권력을 유지하기 위
함이었음이 나중에 밝혀졌다. 이는 또한 그가 개인적으로 크리펜을
싫어하기 때문이기도 했다.

당시에도 여러 정황을 수상하게 여기는 이들이 있었다. 스필즈베
리는 크리펜 박사가 실은 어떤 종류의 의사도 아니었다는 사실을 떠
올리지 못한 게 분명하다. 스필즈베리는 살해된 유해가 능숙한 외과
기술을 지닌 누군가에 의해 해부되었다는 증거를 많이 가지고 있었
다. 왜 크리펜이 코라를 독살한 다음 사체를 절단했는지에 대해서도
의문점이 있었다. 차라리 그녀가 히오스신 과잉으로 독살되었다는
주장이 이보다 낫지 않았을까? 그리고, 머리, 팔다리, 몸통의 일부는
성공리에 폐기한 다음 왜 나머지는 지하실 바닥 밑에 생석회를 발라
묻었을까? 유해가 지하실에 있기 때문에 습기가 생기면 생석회가
오히려 방부 효과를 내주는데 크리펜이 이를 몰랐단 말인가?

이 사건과 관련하여 현재 존재하는 증거를 현대 법의학적 기술로
검증해보기 위해, 2007년에 미시간 주립대학Michigan State University 법
의학 프로그램Forensic Science Programme의 교수 겸 교과장인 데이비드
포란 박사David Foran PhD는 코라의 생존 여성 자손들을 추적한 미국
계보학자 베스 윌스Beth Wills와 협력하여 작업했다. 코라의 조카의
딸들 중 세 명을 대상으로 조사한 결과, 증거로 제시된 머리카락이
나 유해는 코라 크리펜의 것이 아니었고 피부 샘플의 '흉터'도 주름

에 불과하다는 사실이 밝혀졌다. 샘플에서 모낭이 발견됐는데, 원래 흉터 조직에는 모낭이 없기 때문이다. 더군다나 그 조직에서 발견된 Y염색체는 의심할 나위 없이 그 유해가 남자의 것이라는 사실을 나타내고 있다. 그렇다면, 왜 머리 마는 컬링 도구가 유해와 함께 발견된 것일까? 이렇게 발견된 증거들을 통해 알 수 있는 가장 중요한 것은, 당시 스필즈베리가 크리펜에게 불리한 증거를 수도 없이 '날조하는 일'을 경찰이 방조했을 것이라는 사실이다.

코라 크리펜이 아니라면 힐드롭 크레센트 39번지 지하실에 묻힌 이는 누구일까? 크리펜과 그의 변호인이 계속 주장한 대로라면, 그것은 그 집의 전 주인이 묻은 것임에 틀림없다. 경찰이 그 집을 처음 방문했을 때, 크리펜과 니브가 도주하지 않고 그대로 있었더라면 더 이상의 수사는 없었을 것이다. 물론 이후에 니브는 더 잘 되었다. 니브는 실제로 코라의 '살인'에 개입하지 않았기 때문에, 오랫동안 오명을 입지 않고 조용히 지낸다. 그녀는 재판이 끝난 후 몇 년 동안 캐나다와 미국에서 숨어 지냈고, 이후 런던으로 다시 돌아가 트라팔가 광장Trafalgar Square 근처의 햄튼스Hamton's 가구 매장에서 타이피스트로 일을 시작했다. 거기서 그녀는 스탠리 스미스Stanley Smith라는 점원을 만나 결혼했고 이후 크로이든Croydon에 정착하여 두 자녀를 두었다. 그녀가 1967년에 84세의 나이로 운명할 때까지 새로운 가족 누구도 그녀의 수치스러운 과거를 몰랐다.

운명에 버려진
로마노프 일족과 러시아 혁명

○
●

1891년 7월 15일에, 13세의 야코프 유로프스키Yakov Yurovsky는 시베리아에서 가장 오래된 정착촌인 톰스크Tomsk의 중앙도로에 늘어선 군중 틈에 껴서 러시아 로마노프가의 장자인 23살의 니콜라스Nicholas 황태자를 맞이하고 있었다. "깔끔한 갈색 턱수염을 기른 그의 잘생긴 모습이 기억납니다. 맨 앞줄에서 걸어가며 그는 나를 향해 고개를 끄덕이며 손을 흔들어주었습니다"라고 유로프스키는 회상했다. 이 유로프스키는 1918년에 니콜라스 황제와 그 일가를 살해하게 된다.

1897년 당시 유로프스키는 열렬한 공산주의 혁명가로서, 톰스크의 첫 번째 총 노동파업을 조직했던 강경파 선동가였다. 이 파업은 단기적인 실책으로 끝났고, 그는 톰스크에서 추방된다. 그는 자신의 운명을 운에 맡긴 채 눈을 감고 지도 아무데나 핀을 던져 자신의 새로운 거처를 고른 뒤, 우랄 산맥Urals의 동부에 있는 도시인 예카테린부르크Yekaterinburg에 자리를 잡는다. 그리고 우연히도 이 도시에는 이파티예프 하우스Ipatiev House로 불리는 버려진 저택이 있었는데, 혁명을 주도하던 러시아의 적군이 이곳에 '특수 목적의 집House of Special Purpose'이라는 별칭을 붙이고, 니콜라스 황제와 로마노프 일족을 감금하게 된다.

1917년에 유로프스키가 예카테린부르크의 지방 의원으로 임명된 시기와 거의 같은 때에, 블라디미르 레닌Vladimir Lenin이 독일인에 의해 러시아로 환송되어 붉은 혁명을 일으켰다. 당시에 친 로마노프 왕조의 백군White Army도 여전히 활동하고 있었는데, 1918년 여름, 이들은 황제 구출을 위해 예카테린부르크를 향해 진격할 예정이었다. 하지만 백군이 로마노프 일족을 석방시켜 그들을 반혁명의 명목상 지도자로 세우는 것은 혁명파에게 상상도 할 수 없는 일이었다. 그들은 죽어야 했다. 그런 날이 조만간 닥칠 거라는 사실을 알고 있던 레닌은 완벽한 암살자로 이미 유로프스키를 정해놓고 있었다. 유로프스키가 뼛속까지 공산당이기도 했고, 그가 이끌고 있던 군대도 헝가리 용병으로 이루어져 있어서 러시아 가문을 총살하는 일에 러시아 군대보다는 덜 예민할 수 있기 때문이다. 그뿐 아니라, 도살 작전이 국내외에서 논란이 되어도, 그 책임을 자신의 지휘권을 벗어나 있는 일단의 외국인들에게 전가하면 된다고 생각했기 때문이다.

이파티예프 하우스를 관리하고 있던 유로프스키는 로마노프 일족에게 전쟁을 피해 피신을 가야 하니 채비하라고 말했지만, 그들이 1918년 7월 16일과 17일 밤에 이동을 위해 모습을 나타냈을 때 그들을 기다리고 있었던 것은 몰아치는 총격이었다. 유로프스키는 이 사건에 대해 충격적이고 상세한 보고서를 남겼는데, 이를 통해 그 사건이 얼마나 끔찍했는지 엿볼 수 있다. 수십 발의 총격에도 불구하고 멀쩡해 보였던 공주들의 죽음이 특히 그랬다. 그들의 몸에는 금철사가 둘둘 둘러져 있었고, 드레스에는 보석이 너무 많이 박혀 있어서, 그것들이 사실상 방탄 기능을 하고 있었다. 결국, 그들을 죽이러면 눈구멍에 대검을 찔러 넣어야 했다. 로마노프 일족은 왜 이런 사태를 맞게 되었을까? 영국 왕 조지 5세는 왜 사촌인 니콜라이 황제 가족이 영국으로 피신하겠다는 청을 들어주지 않았을까?

로마노프 일족은 볼셰비키와 적군Red Army이 권력을 완전히 장악하기 전에 여러 국가들을 상대로 피신처를 요청했지만 그에 동의한 나라는 영국뿐이었다. 나중에 잘못된 판단으로 드러나긴 했지만 노동당 총리인 데이비드 로이드 조지David Lloyd George가 러시아의 소요를 공개적으로 지지하는 상태였음에도 불구하고, 국왕 조지 5세는 러시아 황제의 사촌이자 가까운 친구였기 때문에 처음에는 기꺼이 은신처를 제공하고자 했다. 하지만 조지 왕, 아니 메리Mary 왕비가 중간에 발을 빼버렸다. 마거릿 공주Princess Margaret와 에드워드 8세 Edward VIII(윈저 공작Duke of Windsor)의 절친한 친구였던 고어 비달Gore Vidal이 자신의 회고록에 1952년, 모나 폰 비스마르크Mona von Bismarck 백작 부인의 카프리Capri 별장에서 윈저 공작을 만나 나누었던 대화를 담아 놓았다. 비달이 윈저 공작에게서 들은 얘기는 다음과 같다. 로이드 조지 총리가 자진해서 로마노프 일족을 데려올 군함을 러시아로 보낼 것을 제안한 뒤, 다음날 아침 부모와 함께 아침 식사를 하고 있을 때였다. 한 보좌관이 조지 왕 부부에게 그 과감한 계획의 승인을 요청하는 쪽지를 가지고 왔다. 조지는 그 쪽지를 받자 읽고 나서 메리에게 건네주었다. 메리는 매우 단호하게 "아니요"라고 답했다. 조지는 그 쪽지를 보좌관에게 되돌려주며 메리와 똑같은 대답을

했고, 보좌관은 그것을 다시 총리에게 전했다.

메리가 은신처 제공을 쌀쌀맞게 거절한 이유는 아일랜드Ireland에서 일어난 부활절 봉기Easter Rising(1916년 4월 부활절 주간에 아일랜드인들이 영국에 대항해 일으킨 무장항쟁)의 후유증이 아직 가시지 않았고, 전제군주의 마지막 황제 가족에게 피신처를 제공하면 영국에서 부상하던 사회주의가 더욱 선동될지도 몰라서였다. 황제 가족은 러시아에서 일어나고 있던 위대한 사회주의자들에게 가시 같은 존재인 게 분명했다. 괜히 그들을 도와 영국에서도 혁명을 촉발하게 되지는 않을까 하는 두려움도 있었다.

하지만, 메리가 황제 가족을 거부하기로 한 심리에는 다른 이유들이 많이 있었다. 테크Tech 공국 출신이었던 메리는 영국이나 해외 왕실 지배층들보다 신분이 낮았고, 독일 억양을 쓴다는 이유로 영국민들의 미움을 받고 있었다. 특히 오랫동안 러시아 황후 알렉산드라Alexandra를 상대로 툭하면 싸움을 걸었다. 메리는 러시아 황후가 어떤 식으로든 자신을 무시하고 깔보면서 즐거워한다고 확신하고 있었다.

총리가 제안한 구출 제안을 메리가 독단적으로 거절하고 있을 즈음, 로마노프 일족은 케렌스키Kerensky 임시 정부에 의해 차르스코예 셀로Tsarskoe Selo의 궁전에 갇히게 되었다. 아직 볼셰비키가 권력을 장악한 상태는 아니라, 아무도 그들에게 앞으로 닥칠 일을 내다보지 못했다. 하지만 메리의 양심으로 인해 ─ 실제로 정말 그랬다면 ─

로마노프가家

니콜라스와 알렉산드라 로마노프 부부는 스스로 몰락을 자초했다. 둘 중 누구도 전혀 명석하지 않은데다 무능력한 통치도 재앙적 수준이었지만, 그 사태는 바르비투르(최면제), 아편, 코카인 중독, 미신 신봉으로 더 악화되었다. 그러다 그들은 결국 사악한 라스푸틴의 손아귀 안으로 떨어진다. 많은 이들이 라스푸틴을 러시아 황실에 위험한 영향을 준 요승으로 바라본다. 니콜라스 2세가 제1차 세계대전 중 러시아 군대를 지휘하면서 러시아 장군들에게 명령이 잘 위임되지 않자, 독일군들은 환호했다. 니콜라스 2세가 자리를 비운 사이, 황후 알렉산드라는 나라를 망가뜨린다. 민중들이 기아로 폭동을 일으키자 그녀는 코사크Cossack 기병대 여단을 풀었다. 이로 인해 그녀에 대한 민중의 감정은 더욱 악화되었다. 급기야 코사크 부대가 거꾸로 폭동을 일으켜 자신들이 진압해야 할 민중 쪽에 가담한다. 다른 군대들도 코사크 부대를 따라 러시아 혁명에 불을 지피자 이제 로마노프가는 종국을 향해 치달았다. 1917년 3월에 니콜라스는 왕위에서 내려왔고, 이로써 3세기에 걸친 로마노프가의 통치는 막을 내렸다.

로마노프 일족은 레닌의 '특수 목적의 집'에 더 다가가게 되었다.

얼마 뒤에, 조지 왕은 마음을 바꾸어 로마노프 일족을 빼오자고 로이드 총리에게 요청했다. 그러나 그때쯤 그 문제에 대한 총리의 입장은 180도로 바뀌어버렸다. 당시 그는 의회에서 러시아 혁명가들을 공개적으로 칭송하는가 하면, 새로운 러시아 지도자들과 긴밀한 관계를 다지려고 노력하고 있었다. 따라서 로마노프 일족에게 피신처를 제공하는 일이 이제는 그에게 합당하지 않게 느껴졌다. 한때 에드워드 7세로부터 '위험한 혁명적 사회주의자'라는 낙인이 찍히기도 한 로이드 총리가 처음에 로마노프 일족을 데려오자고 한 것은, 왕 부부의 기대와는 달리 그들의 존재로 인해 영국에도 사회주의 혁명이 촉발될지도 모른다는 속셈으로 한 것뿐이었다. 이제, 총리는 볼셰비키가 권력을 장악하고 있는 상황에서 영국 함선을 그들의 영해로 파견하는 일은 있을 수 없다고 주장하고 나섰다. 이렇게 해서 로마노프 일족은 운명에 버려지게 되었다.

투르 드 프랑스[49]의 기원이 된
드레퓌스 사건

○
●

　1894년 9월, 파리 주재 독일 대사관에 청소부로 숨어들었던 한 프랑스 스파이가 메모 하나를 휴지통에서 발견했다. 익명의 프랑스 육군 장교가 새로 들여온 프랑스 대포에 대한 세부 정보를 팔겠다고 제안하는 자필 메모였다. 그 메모는 마구 찢겨 있긴 했지만, 쉽게 다시 붙여볼 수 있었다. 다음 달이 되자, 모든 의혹이 언뜻 필적이 유사한 포병 대위 알프레드 드레퓌스Alfred Dreyfus에게 쏠렸다. 드레퓌스는 인기가 없는 성격이었다. 지적 능력은 상당한 게 분명하지만 냉담하고 따분한 성격이었다. 더욱 나쁜 점은, 그가 독일의 일부인 알

〰〰〰
49　매년 7월 프랑스에서 개최되는 세계 최고 권위의 일주 사이클 대회. —편집자 주

자스Alsace 지방 출신이라는 사실이었다.

서둘러 소집된 군법 회의에서 어떤 확실한 증거도 제시되지 않았음에도 불구하고, 그 필적이 드레퓌스 것임을 부인하는 필적학자들의 주장은 사실상 배제되었다. 피고는 유죄 판결을 받았고, 프랑스령 기아나Guiana 해안에 있는 형벌 식민지였던 악마도Devil's Island로 보내졌다. 드레퓌스에게는 다행스럽게도 이곳이 악마도라는 이름이 붙은 이유는 여기에서 발생한 잔인한 사건 때문이 아니라 인근에 상어 떼처럼 우글거리는 위험한 조류 때문이었다. 프랑스의 다른 유배 섬의 생활은 지옥이나 다름없었지만 악마도의 정치범 수감자들은 비교적 편안한 생활을 즐겼다. 그 섬은 크기는 폭 500m, 길이 1.2km에, 면적은 약 12,000m²이었는데 절반 이상이 무인도였고, 정치적으로 민감한 죄수는 한 번에 13명 이상 수용되지 않았다. 죄수마다 자기 막사를 소유했고, 텃밭도 가꿀 수 있었으며, 우편 왕래도 가능했고, 정기 의료 검진도 받았다. 하지만 무고한 드레퓌스에게는 어떤 종류의 감옥이라도 그저 감옥에 불과했고, 프랑스 안에서는 드레퓌스 사건이 험악한 상황으로 변했다.

프랑스는 이 사건으로 좌파와 우파가 나뉘어 매우 첨예한 대립을 하게 되었다. 드레퓌스파와 반드레퓌스파 사이에서 거리나 공원에서 부딪치는 싸움이 자주 벌어졌다. 1899년에 오뙤이유Auteuil 경마장에서는 당시 프랑스 대통령 에밀 루베Etmile Loubet가 반드레퓌스 파들에게 공격을 받아 지팡이로 머리를 다치는 사고가 벌어졌다.

그리고 그 소동을 시작했다는 사유로 자동차 제조업자 꼼뜨 데 디온 Comte de Dion과 타이어 기업가 에두아르드 미쉐린Édouard Michelin이 체포된다. 사실 펠릭스 포레Félix Faure 대통령의 후임자였던 루베 대통령은 대통령에 선출된 지 얼마 안 된 상태였다. 포레 대통령은 많은 이들이 드레퓌스파의 음모였던 것으로 여기는 매우 기이한 정황

속에서 1899년 2월 16일에 사망했다. 그날 그는 엘리제궁에서 젊은 정부 마거리트 스타인힐Marguerite Steinheil의 시중을 받으며, 이 책에서는 '금지된 사랑'이라고 묘사할 수 밖에 없는 어떤 짓을 하던 중 심장발작으로 사망한 것으로 추정되었다. 하지만 이 사건에 의혹이 강하게 제기되었다. 드레퓌스를 유죄로 몰았던 사람이 반유대주의자로 유명하던 포레 대통령이었고 스타인힐은 드레퓌스파의 끄나풀이었기 때문에 그의 심장발작을 유발하기 위해 마실 것에 뭔가를 탄뒤, 그의 발작이 과도한 흥분 때문이라고 주장하기 위해 그의 바지를 내렸다는 것이었다.

그러다 1896년 8월에 원래 독일인들에게 정보를 제공한 진짜 배신자 페르디낭 에스테르하지Ferdinand Esterhazy의 정체가 드러났다. 그와 파리의 독일군 담당관 막스밀리안 폰 슈바르츠코펜Maximilian von Schwarzkoppen 사이에 오간 편지가 프랑스 육군 정보국의 마리 게오르그 피카르트Marie Georges Picquart 중령에 의해 발각된 것이다. 하지만 프랑스 당국은 이에 대해 조처를 취하는 대신, 피카르트의 입을 막기 위해 그에게 불명확한 임무를 주어 튀니지로 보내버렸다. 피카르트는 자신이 모은 증거를 모두 드레퓌스의 변호사에게 보냈고, 이로 인해 폭동 사태는 새로운 국면으로 접어든다. 군부는 여전히 판결 철회를 거부했다. 프랑스 최고 사령부French High Command는 드레퓌스에 불리한 판결을 뒤집지 않기로 결정했고, 법원의 문을 잠근 상태에서 에스테르하지가 무죄임을 밝히는 군법회의를 열었다. 거리에는 더욱 거세진 폭동이 계속 이어졌다. 에스테르하지는 조용히 영국으로 건너가 하트포드셔Hertfordshire에 위치한 작은 도시 하펜덴 Harpenden에 정착하여, 이후 1923년 사망할 때까지 반유대주의의 쓰레기 글을 쓰며 여생을 보냈다. 에스테르하지의 정체가 드러나서 얻게 된 유일한 긍정적 결과는, 그로 인해 계속 두 당파 간에 갈등이 심화되어, 결국 1899년에 루베 대통령이 드레퓌스에게 사면을 제안하게 된 것이다. 이를 거절하는 것은 악마도에 계속 있으라는 것과 같았기 때문에, 드레퓌스는 기꺼이 받아들인다.

드레퓌스가 무죄 판정을 받은 자가 아닌 사면된 반역자가 되었기 때문에 상황은 거의 달라지지 않았다. 두 당파 간의 갈등은 계속 이어졌고, 그런 와중에 프랑스 문학계의 거성인 에밀 졸라Émile Zola 가 드레퓌스를 위해 유명한 기사, 「나는 고발한다J'Accuse」를 쓰며 필생의 지지에 나섰다. 그 후, 졸라는 1902년 9월에 영국에서 아내와 함께 휴가를 보낸 뒤, 뤼 드 브뤽셀Rue de Bruxelles 21번지에 있는 아파트로 돌아와 변고를 겪는다. 부부는 침대에 들기 전에 침실에 등잔을 밝혔고, 다음날 아침 졸라는 사망한 채로, 아내 알렉산드린 Alexandrine은 죽기 직전의 상태로 발견된다. 원인은 일산화탄소 중독이었다. 경찰은 그 방에 등잔을 밝힌 뒤, 쥐를 가두는 실험을 해 보았지만 쥐들은 모두 살아 남았다. 졸라가 비극적인 사고로 죽은 것처럼 보이긴 했지만, 검사 결과로 보아 모두에게 납득이 안 가는 구석이 있었다. 실제로 굴뚝과 지붕 보수 하청업자인 앙리-샤를 부론포

세Henri-Charles Buronfosse는 졸라가 파리로 돌아온다는 소식을 듣고 그 며칠 전에 졸라의 아파트 부근의 지붕들 위에서 일을 했으며, 졸라가 돌아온 날 저녁에 굴뚝 위에 고의로 매트를 올려놓았다고 인정했다. 그는 의혹 요소를 없애기 위해 다음날 아침에 매트를 제거하기도 했다. 졸라의 죽음을 주도할 당시, 부론포세는 폴 데로이드 애국자 연맹Paul Déroulède's League of Patriots — 일종의 프랑스 애국 전선French National Front — 의 핵심 당원이면서 데로이드의 개인 경호원을 맡고 있었다. 그는 졸라가 드레퓌스 사건의 은폐를 공개적으로 비난한 「나는 고발한다」를 읽은 뒤 그에게 살해 위협을 해왔던 것으로 알려졌다.

졸라가 사망하자 의혹을 제기하는 여론이 들끓었다. 당시 드레퓌스파와 반드레퓌스파는 그들이 사서 읽는 선전 신문으로도 나뉘었다. 드레퓌스를 지지하는 이들은 『르 벨로Le Vélo』를 사는 반면, 반대파들은 『로토L'Auto』를 선호했다. 『르 벨로』는 환한 초록색이 주조인 저렴한 종이에 인쇄되었고, 『로토』는 노란 인쇄 종이를 이용했다. 이 일간지들은 졸라의 죽음을 둘러싸고 서로를 자극했다. 그러다 다음 해 봄에 두 당파는 그들이 '투르 드 프랑스Tour de France'라고 명칭을 붙인 자전거 경주에서 겨루기로 결정했다. 『르 벨로』와 『로토』가 행사를 관장하게 되었고, 신문의 주조 색을 따라 개인 종합 우승자에게는 노란색 저지를, 각 단계의 우승자에게는 녹색 저지를 입히기로 했다. 그 경주의 사회 정치적 중요성을 감안할 때, 적절한 색을 입고

「나는 고발한다!」

이 기사는 1898년 1월 13일자 좌익 신문 『로로르L' Aurore』의 첫 면을 장식했다. 에밀 졸라는 이 글에서, 드레퓌스 대위를 향한 반유대인 박해와 판결 과정상의 위법 행위에 대해 공개적으로 비난했다. 이는 펠릭스 포레Félix Faure 대통령을 겨냥한 것이었다. 원래 졸라는 제목을 붙이지 않은 채로 두었지만, 나중에 프랑스 총리가 된 신문 편집자 조르주 클레망소Georges Clemenceau가 「나는 고발한다」라는 절묘한 제목을 지었다. 이후 이 표현은 그 자체로 여러 국가에서 정치적 수사로 쓰였다.

그 다음 달에 졸라는 선동 혐의로 체포되어 범죄적 비방 행위로 재판에 회부되었다. 졸라는 오랜 수감 생활을 예감하고, 아무런 짐도 없이 입고 있던 옷차림으로 파리 북역Gare du Nord에서 연락 열차를 타고 런던 빅토리아 역으로 향했다.

이후, 졸라는 런던의 어퍼 노르우드Upper Norwood 남동부 지역에서 저렴한 호텔들에 머무르며 이방인들과 지지자들의 호의에 의지한 수개월을 보냈다. 그는 포레 정부가 극적으로 붕괴한 뒤 4개월이 지난 1899년 6월이 되어서야 파리로 돌아올 수 있었다.

자전거를 타는 것이 드레퓌스 사건에 대한 입장을 표명하는 인기 있는 방법이 되었다. 파리 각지에서 파당적인 자전거 동호회가 우후죽순 생겨났다.

알프레드 드레퓌스는 1906년 7월 12일에 소집된 군사위원회에
서 마침내 무죄가 입증되었다. 하지만 1908년 6월에 그가 졸라의 유
해를 몽마르뜨Montmartre 공동묘지에서 파리 5구역 판테온Pantheon으
로 이장하는 의식에 참석했을 때까지도 해묵은 원한은 진행 중이었
다. 당시 그 자리에는 미망인에 의해 초대된 졸라의 정부 잔 로제로
Jeanne Rozerot가 졸라와의 사이에서 낳은 아이들과 함께 참석하고 있
었고, 드레퓌스는 그들 옆에 서 있었다. 그때, 언론인 루이 그레고리
Louis Grégori가 군중을 헤치고 반유대주의 구호를 외치며 날린 몇 발
의 총알이 드레퓌스의 팔을 스쳐갔다. 이 사건은 프랑스 안에서 우
익 세력의 광기가 아직도 판을 치고 있음을 증명해 주었다. 그의 재
판은 겨우 몇 시간 만에 끝났고, 수백 명의 증인 앞에서 총을 쏜 그
레고리는 심사숙고하여 선정된 판사와 배심원들에 의해 1908년 9월
11일 무죄 판결을 받았다.

드레퓌스는 자신의 무죄 평결이 내려진 시간으로부터 정확히
29년 뒤인 1935년 7월 12일에 파리에서 평온한 죽음을 맞이했는데,
당시의 계급이던 중령급보다 더 영예로운 군장의 예를 갖추어 안장
되었다. 그의 장례 행렬은 프랑스 혁명 기념일Bastille Day 축하 행사를
위해 콩코드 광장Place de la Concorde에 모인 수많은 관료들과 고관들
옆을 지나 몽마르뜨 묘지로 향할 수 있도록 허용되었다. 이는 드레
퓌스가 받은 공식적인 사과라고 볼 수 있었다.

4부

건축과 종교를 둘러싼
미스터리

기자 대피라미드는
누가, 왜, 어떻게 지었을까?

○
●

약 4,500년 전 나일강 서쪽 기자Giza의 외곽에 세워진 피라미드 들만큼 많은 논쟁을 불러일으킨 구조물은 없을 것이다. 그 건축물들을 짓는 데 노동력을 제공한 이들은 정확히 누구이며, 어떻게 그렇게 지었을까에 대해 그동안 많은 미스터리가 있었다. 셋 중 가장 큰 147m 높이의 대피라미드Great Pyramid는 제4왕조 케옵스Cheops 왕이 제작한 것으로, 거의 4,000년 동안 지구상에서 가장 높은 인공 구조물이었다. 그러다 14세기 초에 완공된 링컨 대성당Lincoln Cathedral 주 첨탑의 높이가 지상 158m에 이르자, 최고의 자리를 내어주게 되었다가 첨탑이 1549년에 폭풍우에 쓰러지면서 다시 지위를 되찾게 되었다.

대피라미드는 그 지역의 재료를 사용한 230만 개의 벽돌로 이루어져 있다. 그 중 대부분은 평균 2.5톤의 석회암 벽돌이지만, 일부 내부 화강암 벽돌들은 그 무게가 15톤에서 70톤에 이를 정도로 어마어마하다. 철기시대 이전 사람들이 어떻게 벽돌들의 이음매가 딱 오차 2mm 미만이 되도록 그 많은 석회암들을 정확하게 잘라낼 수 있었을까? 당시 이집트인들에게 있던 유일한 금속은 구리였다. 구리는 그런 작업을 수행하기에는 너무 무르다. 또한 어떻게 그 암석으로 된 벽돌들을 채석장에서 옮겨 계속 쌓여 올라가던 피라미드의 측면을 따라 끌어올렸는지도 의문이다. 이집트인들은 도르래나 바퀴 달린 차량을 가지고 있지 않았다. 물레와 관개용 바퀴는 사용하고 있었기에, 바퀴의 원리를 알고 있었던 게 확실하다. 하지만 벽돌들을 동물이 끄는 수레를 사용하여 나를 생각을 했다고 쳐도, 그러한 무게를 지탱할 철제 차축이 필요했다. 구리 차축은 수레가 굴러가자마자 휘거나 부러졌을 것이다.

건설 방법에 관한 가장 인기 있는 이론에서는 작업 집단이 크게 4개 조로 나뉘어 있었을 것이라고 주장한다. 전체 공급 과정은 이렇게 설명된다. 첫 번째 조는 인근 채석장에서 석회암 벽돌을 절단하여 모양을 만들고, 두 번째 조는 나무 롤러나 황소가 끄는 썰매를 이용하여 벽돌들을 현장으로 끌어온다. 거기에서 세 번째 조는 피라미드 측면에 엄청난 경사대를 쌓아올리고 벽돌들을 끌어올려서 네 번째 조에 전달해준다. 마지막으로 네 번째 조는 지렛대를 사용하거나 아니면 직접 끌어서 벽돌의 위치를 잡아준다. 이 작업이 끝나면 측면의 외부 경사대가 제거되고 마감된 구조물이 드러난 상태에서 백색 기와판을 입혀 마감한다. 이 이론은 매우 정연하게 정리돼 있다. 하지만, 주변 피라미드의 벽돌들이 보여주는 불규칙성을 감안했을 때, 이 피라미드의 벽돌들이 어떻게 그렇게 깔끔하게 잘렸거나 '다듬어졌는지'에 대한 문제가 여전히 남는다(피라미드들이 자연석으로 지어졌다면 말이다 — 모든 사람들이 이 가설을 받아들이는 건 아니지만).

화강암 벽돌의 경우, 일꾼들이 비교적 무른 화강암을 아스완Aswan 채석장에서 옮겨 와 더 단단한 화성암 쐐기를 사용하여 다듬은 것이 확실하다. 입구, 회랑, 내부석실의 천장으로 쓰일 화강암 상인방들은 채석장에서 깎인 다음, 나일강을 따라 800km가량 이동되었고, 그 다음에는 인공 운하를 따라 건설 현장에서 최대한 가까운 지점까지 운송되었다. 거기서부터는 많은 사람의 힘으로 운반되어 지금 있는 자리들에 놓였다. 그런데 석회암 벽돌의 경우는 그렇게 간단하지 않다. 대피라미드의 건설에는 약 20년이 걸렸는데, 이를 위해서는 하루에 400개 이상의 벽돌을 제작하여 설치하는 작업이 요구되었을 것이다. 대피라미드에 소요된 노동력의 크기에 대해서도 수년 동안 매우 다양한 의견이 나왔다. 최소 10만 명 이상으로 추산하는 이들도 있었지만, 이 질문은 2002년에 실시된 '기자 고원 지도 제작 프로젝트Giza Plateau Mapping Project'에 의해 해결되었다.

고고학자 마크 레너Mark Lehner가 주도하여 시카고 대학과 하버드 대학에서 공동 진행한 이 프로젝트에서, 그는 피라미드 시티

피라미드학 Pyramidology

피라미드에 관한 신비주의는 19세기에 피라미드학이라는 의사 과학에서 생겨났다. 스코틀랜드의 왕립 천문학자 찰스 피아치 스미스Charles Piazzi Smyth는 1870년대를 보내며 대피라미드가 천문 계산기라는 사실을 입증하기 위해 피라미드의 모든 면과 각도를 측정했다.

스미스는 자신의 모든 측정 결과를 정리하여 1.00106 영국 인치에 해당하는 기준 길이인 신성인치Sacred Inch라는 것을 자체적으로 창안해 냈고, 그것을 기준으로 대피라미드의 둘레가 정확하게 36,524.2 신성인치, 즉 1년 태양일수의 100배라는 사실을 '입증해냈다.' 또한 그는 25신성인치를 신성큐빗Sacred Cubit으로 정의했는데, 구조체의 모든 측면의 길이를 25라는 값으로 나누면 365.242가 나온다는 것이었다.

그런데 1883년에 이집트학자 윌리엄 플린더스 페트리 경Sir William Flinders Petrie은 스미스의 대피라미드 측정값이 의심할 여지 없이 모두 심하게 불확실하다는 사실을 입증했다. 이 값들은 신성인치 또는 신성큐빗 이론에 무리하게 맞추어지기 위해 늘려졌거나 줄여졌다고 한다.

Pyramid City — 비공식적 명칭 — 라는 개인 주거지 및 공동체 생활 단지를 발굴해 내었다. 이는 피라미드 건설 일꾼을 수용하기 위해 지어진 거주 단지였던 것으로 판명되었다. 레너의 추산의 의하면, 최대 20,000명을 수용했던 것으로 보이는데 여기서 아내와 자녀를 빼면 약 10,000명의 현장 인력이 남는 걸 확인할 수 있다. 나일강의 연례적인 홍수 —7월부터 9월까지— 로 인해 놀게 된 농부들로 이 핵심 노동 인력이 보강되긴 했겠지만, 이 20,000명이라는 수지는 피라미드 건설 현장에 노동 인력이 서로 엉키지 않고 꽉 맞게 들어찼다고 보았을 때의 추정 인원과 일치한다. 대피라미드의 바닥 넓이는 230m²이기 때문이다. 그렇다면 20,000명가량의 일꾼이 어떻게 하루에 400개씩의 석벽돌을 만들어서 수송하고 설치할 수 있었을까? 이는 극도로 불가능한 프로젝트다. 하지만 피라미드 건설을 둘러싼 이 모든 미스터리를 단번에 해결한 이론이 최근에 나왔다.

지오폴리머Geopolymer 화학의 창시자로 국제적으로 인정받는 프랑스 물질 과학자 조셉 다비도비츠Joseph Davidovits 교수는 처음에 대피라미드보다 높은 위치에 있는 채석장이나 낮은 위치인 와디wadi[50]에 있는 채석장에서 어떤 파편이나 부서진 벽돌도 찾을 수 없었다는 사실에 호기심을 가졌다. 석회암은 작업 시 파편이 튀는 것으로 유명하다. 따라서 300만 개가량 되는 벽돌을 생산했을 경우 수백만 개의 파편이나 부서진 벽돌이 생성되었을 것으로 예상되지만 파편은 하나도 찾을 수 없었다. 다비도비츠는 국제 이집트학자 협회

---

50 마른 도랑이나 골짜기.

International Association of Egyptologists의 회원 자격으로 대피라미드의 벽돌에서 발견되는 석회암 성분의 '특징'을 관찰하는 작업을 시작해서, 이 성분이 와디에 있는 석회암의 '특성'과 완벽하게 일치한다는 사실을 밝혀냈다. 그는 건설 현장보다 아래쪽에 있는 와디에서 위로 옮기려면 힘이 더 많이 듦에도 불구하고 그곳에서 화강암 벽돌을 조달하기로 한 고대 이집트인들의 정신 상태에 의문을 품게 됐다. 와디에 갔을 때 그는 거기에서 돌을 채석했거나 깎았던 흔적은 찾을 수 없지만, 부식과 연마라는 유화 과정을 거쳐 부드러운 물결무늬의 표면을 남기는 무른 석회암이 거기서 나온 것임을 알아차리게 되었다. 그가 그 다음 단계로 발견한 것은, 나무틀의 내용물을 누르고 있는 모습이 나오는 벽화에 쓰여 있는 '액체 돌'이라는 상형 문자였다. 그래서 그는 다시 대피라미드를 구성하고 있는 벽돌들에 관심을 돌렸고, 석회암에서 매우 일반적으로 발견되는 패석fossil shell 침전물들이 자연 퇴적물처럼 가지런하게 놓여 있지 않고, 액체 안에서 뒤섞인 것처럼 뒤죽박죽 돼 있다는 사실을 깨달았다. 그렇다면 이 '석회암 벽돌'이 사실은 인조돌이었다는 것인가?

　다비도비츠는 석회암 가루와 잡석이 와디에서 운송돼 와서 나일강 물이 흘러 들어오는 거대한 웅덩이에서 녹여진 다음 나트론과 섞였다는 가설을 세웠다. 나트론은 이집트에서 풍부하게 발견되었던 천연 소다가루로 미라의 방부제로도 사용되었다. 나일강 물이 증발되고 나면, 제작자들의 손에는 석회석 시멘트 형태가 남게 된다. 이

제 그 가루는 바구니들에 담겨 구조물 위로 옮겨져서 기름칠이 칠해진 ― 마르는 동안 달라붙지 말라고 ― 얇은 나무틀에 넣어진다. 이 초기 단계 벽돌들을 이집트의 태양 아래 놓고 잘 말리면, 그것들 자체가 다른 벽돌들의 주조를 위한 틀 역할을 한다. 새 벽돌들이 놓일 때마다 벽돌들의 극미한 수축으로 인해 그 사이에 공예적인 이음매 같은 1~2mm의 선이 남게 된다. 정확히 얘기하자면, 이것이 바로 벽돌 사이에 선이 생기게 된 과정이다. 다비도비츠는 실험단계로 넘어가, 이런 방식으로 몇 개의 석회암 벽돌을 만든 다음 대피라미드에 보이는 동일한 이음매를 재현했다. 그의 벽돌들은 육안으로 보면 천연 석회암과 구별하기 어려웠다.

2009년에 지오폴리머 연구소Geopolymer Institute는 다비도비츠의

『왜 파라오들은 인조 돌로 피라미드를 지었을까?Why the Pharaohs Built the Pyramids with Fake Stone?』의 개정판을 출간했는데, 여기에는 그의 이론을 뒷받침하는 모든 과학 데이터가 나와 있다. 같은 해에, 드렉셀 대학Drexel University 물질 과학 분야의 저명한 교수이자 카이로에 있는 아메리칸 대학American University의 교수인 마이클 바사움Michel Barsoum은 자신의 동료가 잘못되었음을 증명하기 위해, 기자 피라미드에 있는 돌들을 전자 현미경으로 검사하기로 했다. 하지만 바사움 교수는 그 벽돌들의 구조 안에서 공기 방울과 천연 섬유를 발견하여 놀라고 말았다. 이 두 가지 요소는 천연 석회암에서는 발견되지 않기 때문이다. 자, 그렇다면 피라미드를 건설한 인력은 누구였을까?

1979년에 이스라엘 총리 메나헴 베긴Menachem Begin이 카이로를 친선 방문하였을 때, "물론, 우리 민족이 이것들을 지었죠"라고 스스럼없이 말해서 그를 초대한 이집트인들을 매우 화나게 만들었다. 유대교-기독교의 문화에서 유대인들이 이 피라미드 건설 현장의 노예였다는 설은 유명하다. 그런데 뜻밖에, 이런 신분구조가 성경이나 토라[51]에는 언급되어 있지 않다. 수많은 영화나 기타 매체에서 진실처럼 널리 받아들이고 있는 설과 결합되어 있는 이 믿음은 로마-유대 역사가 요세푸스Josephus에서 시작됐다. AD 1세기에 활약했던 요세

---

51 유대교 율법.

푸스는 BC 4세기 헤로도토스Herodotus의 저서를 자기 책의 기반으로 활용했다. 두 사람 모두 자신들의 중요 노선에 따라 역사서를 썼다. BC 449년과 BC 430년 사이에 이집트를 방문했던 헤로도토스는 대피라미드의 건설을 지시했던 케옵스Cheops 왕 — 그의 시대에는 쿠푸Khufu 왕으로 알려진 — 의 이미 훼손된 명성을 의도적으로 폄하하기 시작했다. 헤로도토스는 대부분 머릿속에서 지어낸 쿠푸 왕의 많은 잔인한 이야기를 나열하면서, 그가 허영심을 위한 기념물로 대피라미드를 세우려고 백성들을 노예화시켰고 그로 인해 미움을 받았다고 주장했다.

요세푸스의 윤색은 더욱 치밀하고 복합적으로 이루어졌다. 요세프 벤 마티탸후Yosef ben Matityahu로 태어난 그는 최초의 유대-로마 전쟁(66-73) 중에 갈릴리의 유대인 군대를 지휘하다가 베스파시아누스 황제Emperor Vespasian에게 체포되어, 그의 곁에서 통역관이자 자문관으로 살게 된다. 결국 그는 로마 시민권을 얻게 되었고, 자기 민족을 독실하고 올바른 유일신 신앙을 품고 있는 훌륭하고 재능 있는 민족으로 로마에 소개하기 위해 역사에 관해 몇 권의 책을 썼다. 그 무렵, 이집트가 로마 제국에 편입되어, 많은 이들이 고대 세계의 7대 불가사의 중 가장 오래된 피라미드를 보기 위해 그곳으로 여행을 갔다. 이때 요세푸스는 헤로도토스가 언급한 그 '노예들'을 유대인들로 바꿔치기 해서, 그들을 무한한 능력을 지닌 기술자들로 로마 독자에게 소개했다. 하지만 레너가 피라미드 시티의 발굴 조사에서 밝혀낸 사실에 의하면, 피라미드 건설 현장에는 노예가 없었다. 매점 같은 식당 구역에 쌓인 쓰레기 더미는 풍부하고 다양한 식단을 보여주고 있고, 그들의 숫자보다 더 많은 수의 묘실들은 노예에게는 허용될 수 없는 존경과 경의의 장례 문화를 보여주고 있다. 이집트 땅에 최초의 유대인이 도착한 기록은 엘리판티네 파피루스Elephantine Papyri에 나와 있다. 175개의 문서를 모아놓은 엘리판티네 파피루스는 엘리판티네 고대 요새들과(나일 강에 있는 섬으로, 아스완과 지리적으로 가깝다), 아스완에 있는 시에네Syene 요새들에서 발굴되었다. 여기에는 BC 650년에 상당한 수의 히브리인 용병들이 엘리판티네 섬에 도착하였는데, 그들이 요새를 점령하고 이집트 노예들을 부려서 유대교 회당을 지었을 당시 지역민들이 보인 반발이 기록돼 있다.

따라서 증거에 따르면, 기자 피라미드들을 건설한 이들은 헌신적이고 자유로운 이집트 노동자들이었음을 알 수 있다. 그리고 다비도비츠 교수가 맞다면, 그들은 석회석 가루로 만든 자신들의 '레고' 벽돌을 점점 수를 줄여가며 구조물을 높여갔다.

스페인 종교재판의 검은 전설

○
●

아라곤 왕국Aragon (스페인 북동부의 옛 왕국)의 페르디난드 2세 Ferdinand II와 그의 아내 카스티야 왕국Castile (스페인 중부의 옛 왕국)의 이사벨라 1세Isabella I가[52] 1478년에 설립한 스페인 카톨릭교회의 재판소는 16세기 말부터 시작된 잔인한 박해의 이미지들을 떠올리게 한다. 우리는 모두 한 번쯤은 모자달린 옷을 입은 성직자들이 벌거벗은 여자들을 고문하는 장면을 묘사하는 영화, 또는 종교재판 심문실을 그려놓은 수많은 브뤼헐Bruegel 풍의 그림을 본 적이 있을 것이

---

[52] 이 두 사람의 결혼으로 스페인은 하나의 왕국이 되었다. 이들은 교황 식스토 4세에게 청원하여 독자적인 종교재판을 열 수 있는 권리를 획득하여 스페인 종교재판을 시작하였고, 이는 1834년 이사벨라 2세에 의해 중지되었다.

다. 하지만, 스페인 종교재판의 실제는 이와 매우 달랐다. 그렇다면, 누가 이런 거짓말들을 왜 지어낸 것일까?

 '종교재판'이라는 단어에는 늘 '스페인'이라는 단어가 따라붙기 때문에, 우리는 대부분 스페인 재판소가 종교재판을 집행한 유일한 곳이었다는 인상을 갖게 된다. 하지만, 사실 스페인은 후발주자였다. 최초의 종교재판은 12세기에 프랑스가 이교도 카타리파Cathars[53]를 처단하려고 상정한 것이었다. 당시에는 포르투갈에서 페루에 이르기까지 모든 카톨릭 국가에서 종교재판을 실시했다. 그렇다면, 스페인 종교재판이 그중 제일 관대했음에도 불구하고, 이렇게 심한 비방을 받는 이유는 무엇일까? 그 답은 16세기 당시 나머지 유럽 지역들이 스페인이 군대와 해상에서 패권을 잡는 것을 싫어했다는 사실과, 여교황 요안나의 근거 없는 낭설을 퍼뜨리던 개신교 선전 운동가들의 파괴적인 활동에서 찾을 수 있다. 스페인 종교재판관들은 15세기나 16세기의 스페인에서 그리 너그럽지 않은 집단으로 여겨졌으므로, 나머지 서유럽 사람들은 종교재판의 전체 비난을 뒤집어쓸 대상으로 이들을 골랐다. 서유럽인들은 스페인의 이름에 흠집을 내고 싶었고, 개신교 국가들은 자신들이 어떤 종교재판가도 눈물을 글썽이게 만들 정도의 고문과 화형으로 마녀들과 이단자들을 처벌하고 있

---

53 중세 유럽 마니교의 이단파.

다는 사실에서 주의를 분산시키고 싶었다.

처음에 개신교인들은 전통적인 방식으로 카톨릭 세력을 공격하기 위해 군대를 일으켰다. 하지만 1547년에 페르디난드와 이사벨라의 손자인 찰스Charles에 의해 뮐버그Mühlberg 전투에서 참패하자 다른 방법을 써야함을 깨달았다. 이에 개신교인들은 스페인이 거의 막을 수 없는 무기를 가지고 공격했다. 바로 출판이었다. 그들은 스페인과 스페인 종교재판의 이름을 비방하기 위해 수천 판의 소책자와 암울한 동판화들을 찍어냈다. 누가 조금이라도 믿을까 의심스러울 정도로 기이하고 잔인한 이야기와 이미지들이었다. 초기의 고문을 둘러싸고 계속 전해지는 이야기의 많은 부분이 그 소책자들로부터 왔다. 가령, 존재하지도 않았던 아이언 메이든Iron Maiden[54]처럼, 당시의 고문 기구들은 굉장히 미개했다(매우 효과적이긴 했지만). 결국 개신교 선전운동가들은 『스페인 종교재판의 잡다하고 교묘한 방법에 대한 발견 및 발언A Discovery and Playne Declaration of Sundry Subtill Practices of The Holy Inquisition of Spayne』(1567)이라는 제목의 책을 비장의 카드로 썼다. 스페인 종교재판의 잔인성을 견뎌낸 레지날두스 몬타누스Reginaldus Montanus라는 이가 다른 이들 — 특히 여성들 — 이 겪는 참상을 목격했다고 주장하는 내용이었다. 그 이야기는 완전히 헛소리

---

[54] 여성의 형상을 한 상자로 안쪽에 못을 박아 놓은 고문 도구.

였고 저자 역시 정체가 불분명했지만, 그 책은 여러 언어로 번역되어 유럽 전역에 배포되었다. 그때부터 스페인인들을 검은 전설Black Legend이라고 부르는 거짓된 이야기가 퍼지게 된 것이다. 지금도 그 책의 사본을 일부 온라인 서점에서 구매할 수 있다는 사실에서 그 책의 영향을 가늠할 수 있다.

실제로 살라망카Salamanca에 보관된 많은 기록을 상세히 훑어보면, 스페인 종교재판이 모든 종교재판 중에서 가장 공평하고 가장 덜 잔인했다. 이에 대해 연구한 이들이 많지만 가장 유명한 이들은 바르셀로나 과학 연구 위원회Barcelona Research Higher Council of Scientific Research의 헨리 카멘Henry Kamen 교수와 알칼라 대학University of Alcalá의 제이미 콘트레라스Jaime Contreras 교수이다. 그들 각각의 연구에 따르면, 살라망카 기록들에 나오는 스페인 종교재판은 뾰족한 KKK 모자를 쓴 성도착적인 성직자들의 가학적인 놀이터가 아니었다. 대다수의 스페인 종교재판관들은 종교적 위반에 대한 강력한 증거를 제시할 것을 고집했고, 매우 명확하게 정의된 한계 내에서 일했던 속세의 법률가들이었다.

그들의 종교재판은 유대인이나 무슬림, 다른 신앙의 구성원들을 대상으로 한 박해의 도구가 아니었다. 종교재판소는 카톨릭 교리에 대해 카톨릭 신자들을 상대로만 재판권을 가지고 있었다(카톨릭으로 개종한 유대인들에 대해서도). 종교재판은 이단이나 신앙 범죄를 다루는 것 외에도, 간통죄, 중혼, 남색 및 기타 도덕적 사안과 약속 위반,

공개 음주, 교회에서 욕하는 행위 등의 모든 활동에 대해 적극적으로 기소했다.

그리고 앞에서 언급했던, 그들이 서유럽 국가 중 가장 관대했다고 하는 측면은 당시의 통치권자들에게 매우 바람직한 대안으로 기능했다. 법정에 앉아 신성모독적인 말을 쏟아내는 많은 이들이 판사에 의해 종교재판에 넘겨졌고, 그들은 유럽에서 가장 좋은 감옥에 갇혔다. 악명 높은 최고 재판관 토마스 데 토르케마다Tomás de Torquemada 는 모든 수감자들에게 청결, 양질의 음식, 탈복 등의 시스템을 유지할 것을 고집했고, 여성 수감자들에 대해서도 상당한 수준의 보호를 제공해서, 그들이 간수나 다른 수감자들로부터 반갑지 않은 관심을 받지 않도록 보호했다.

바르셀로나와 살라망카의 종교재판 감옥이 북적일 당시, 적어도 이 두 감옥의 경우, 지방의 일반 감옥들이 비인간적이라고 생각되면 그쪽으로 죄수들을 넘겨주지 않았다는 사실이 기록되어 있다. 시시한 범죄를 저지른 일부 죄수들은 수개월 안에 다시 돌아오겠다는 약속을 받고 풀어주기까지 했다. 민간 법원들보다는 스페인 종교재판소에 기소되었을 때 살아 남을 확률이 훨씬 높았다. 당시 민간 법원들은 고문을 가하고 싶어 으르렁거리는 폭도들에게 적법성을 제공해 주는 겉치레에 불과했다.

그렇긴 해도, 초창기의 스페인 종교재판을 살펴보면 중요한 사실이 발견된다. 종교재판이 가차 없이 들이댄 날카로운 이빨이 있었는

데, 그것은 페르디난드와 이사벨라가 통일된 신앙의 스페인을 보고
자 하는 바람에서 나온 것이었다. 스페인계 유대인의 상당한 인구가
이 나라를 떠나거나 '콘베르소converso'로 ― 즉, 기독교로 개종한 유
대인으로 ― 남거나를 결정할 유예 기간을 부여받았다. 일부 스페
인 사람들은 많은 콘베르소들이 자신들의 진짜 신앙을 비밀리에 계
속 믿으면서 말로만 천주교에 경의를 표시한다고 ― 타당한 이유 없
이 ― 생각했다. 물론, 유대인들의 부에 대해 일반인들의 반유대주
의 질투가 있었다. 따라서 유대인들이 범죄에 유죄 판결을 받으면
그들의 재산을 몰수할 수 있었다.

스페인 종교재판은 자체적인 심판에 의해 거두어지는 벌금과 징
수를 통해 자금이 조달되는 구조였기에 약간의 근거 없는 기소들이
가해진 것은 틀림없다. 그런데 모든 사실을 참작해 보면, 그 첫 15년
동안 집행된 사형은 연간 약 130건에 불과했다. 현대적인 기준으로
보면, 당대에 아주 끔찍한 사건들만 사형으로 처리된 것이다. 사형을
받은 많은 이들은 중대 범죄자로 여겨진 이단자들이었다.

이와는 대조적으로, 같은 기간 동안 나머지 서유럽 지역들에서는
약 60,000명의 마녀와 이교도를 학살한 것으로 보인다. 지금은 영국
의 헨리 8세가 아주 멋진 왕으로 승격되고 있지만, 그는 편집증적인
폭군이었다. 그는 37년의 재위 기간 동안 신앙이나 이단의 사유로
사형을 시킨 이들 외에도 수만 건의 일반적 사형을 실시했다.

1482년 4월 18일 교황 식스투스 4세Pope Sixtus IV는 스페인 주교

토마스 데 토르케마다

아이러니하게도, 이름의 첫부분인 토르케torque가 '비틀다twist'나 '고문 torture' 같은 단어들과 어원적으로 연결되고 있는 토마스 데 토르케마다 는 개신교 흑색 선전 기구의 명백한 표적이었던 것 같다.

　도미니크회 수사였던 유대인의 후손 토르케마다는 63세였던 1483년 에 종교재판소장Grand Inquisitor에 임명된다. 그의 이름만 언급해도 수천 명이 화형대에서 죽는 이미지가 떠오르지만, 그의 재임 기간은 15년밖에 되지 않았고, 그중에서도 나머지 5년은 건강 악화로 집에서 침대에 누워 지냈다. 반면, 스페인 종교재판은 350년 넘게 운영되었다.

　그는 이단자들은 집요하게 박해했지만, 모든 이야기들을 살펴보면 토 르케마다는 무뚝뚝하면서도 공평한 사람이었다. 그는 종교재판소의 구 금 시설들이 반드시 위생적으로 운영되도록 만들었고, 그의 재판도 기소 에 대해 많은 증빙이 갖춰진 채 반드시 공평을 기하도록 했다.

협의회에, 개종한 유대인이나 취약한 부자들에 대한 악의적인 박해 를 통해 종교재판을 훼손하는 탐욕을 경계하라는 편지를 보냈다. 페 르디난드는 교황에게 그런 비난들이 사실 무근이며 그는 거룩한 사 업에만 마음을 쓰고 있다고 단언하는 답장을 보냈다. 그럼에도 교황 은 1483년에 토마스 데 토르케마다를 임명하여, 스페인 종교재판소의 활동을 감독하고 재판관들이 그러한 저열한 동기로 비난받지 않도록 했다.

주요 도시에는 종교재판소 상설 사무소가 있었지만, 너무 작아서 영구적인 주둔을 확보하기 어려운 읍이나 마을에는 돌아다니는 순회 사무소가 있었다. 이는 스페인 종교재판의 관대함을 보여주는 또 하나의 예다. 그런데 이 순회 사무소가 스스로 파멸하는 원인이 된다. 스페인의 일반적인 시골 사람들은 종교재판의 존재나 심판의 범위나 영역에 대해 거의 모르고 있었다. 따라서 순회 종교재판소들은 시골 읍이나 마을에 도착할 예정을 미리 알려주고, 자신의 마음에 걸리는 범죄나 죄의 목록을 작성해 오도록 30일간의 유예 시간을 갖게 해준 다음, 종교재판소가 도착하면 자백과 사면을 할 수 있게 했다. 그런데 이 조치는 대대적인 역효과를 냈다.

스페인의 농사꾼들은 까무러칠 정도로 겁에 질려서 자신이 지었다고 남들이 '생각하는' 모든 죄, 혹은 자신의 적들이 자신을 향해 제기할 수 있는 무고들이 담긴 끝없는 죄의 목록을 가지고 정거장마다 종교재판관들을 기다렸다. 따라서 과도한 담당 건수들로 정체가 된 순회 종교재판들은 종종 그 지역의 모든 중생들에게 일괄적인 면죄부를 발행한 다음 쓰나미처럼 밀려오는 자칭 죄인들로부터 빠져나갔다. 이것이 바로 종교재판이 스스로의 관용의 희생자가 된 출발점이었다.

스페인 종교재판이 벌금과 몰수를 통해 자체적으로 자금을 조달하도록 설계되었지만, 1명의 법률 고문, 1명의 경관, 1명의 기소 변호사, 그리고 최소 10명이 넘는 보조 직원이 동반하는 여러 사무소들은 임금을 지불하기 위해 자주 왕실 보조금을 간청했다. 스페인 종교재판이 350년 동안 처리한 사건은 불과 25만 건이었다. 사형 집행도 4,000건 정도밖에 되지 않았는데, 이는 연간 평균 12건 정도였다. 종교재판 사건의 대부분은 무죄 선고로 끝났다. 스페인 종교재판소에서 실제로 고문을 하긴 했지만, 그것은 당시의 관행이었다. 그리고 기록에 의하면, 고문에 의존한 경우는 전체 사건의 2% 미만이었다. 고문을 하게 되더라도, 시간이 최대 15분으로 제한되었고, 두 번 이상은 고문을 가하지 못하도록 했다. 세 번째 고문을 겪은 이들은 없었고, 그 2% 중에서도 절반만이 두 번째 고문을 겪었다.

똑같은 시기의 영국 지하 감옥들에는 고문 장치들과 썸스크류 thumbscrew[55]들이 항상 갖춰져 있었고, 런던 거리에서 배가 고파 빵한 덩어리를 훔친 부랑자가 교수형에 처해졌다. 영국은 16세기와 17세기에 걸쳐 400~2,000명의 '마녀들'을 교수형에 처했다. 하지만 영화와는 달리 화형터에서 불에 태워진 적은 없다.

개신교의 독일에서는 희생자 수가 훨씬 많았다. 반면, 스페인 종교재판은 마녀와 요술에 대해 믿는 것은 어리석은 망상이므로 아무

---

55 엄지손가락을 죄는 형틀.

도 그것으로 재판을 받거나 어떤 식으로든 처벌 받을 수 없다고 일찍이 선언했다. 더 나아가, 다른 이에게 상상의 마녀 죄를 뒤집어씌울 경우 고발하는 자가 책임을 지게 될 거라고 경고했다. 따라서 오늘날 기준으로 보면 충격적이지만, 당시 나머지 서유럽의 일반적인 행위들과는 대조적이었던 스페인 종교재판을 둘러싼 진상들은 낭설과 일치하지 않는 것이 분명하다.

스톤헨지에 지붕이 있었다?

○
●

스톤헨지는 이집트 피라미드 다음으로 지구상 다른 어떤 구조물보다 많은 억측을 낳았다. 지난 몇 세기 동안 네오 드루이드Neo-Druids[56], 위카 운동Wicca Movement[57], 여러 토속신앙 등의 여러 하위문화들이 자신들의 신앙을 위한 신전 혹은 집합 장소였음을 주장하며 이 환상 열석環狀列石을 전용專用하려고 시도해 왔다. 그러나 스톤헨지가 그런 종교 기능을 수행했다는 증거는 없다. 이 원형의 돌무더기가 많은 매력을 불러일으키는 이유는 J. B 프리스틀리J.B Priestley의

---

56 드루이드(켈트의 땅에서 신의 의사를 전하는 존재)를 중심으로 한 신앙 형태.

57 유럽의 기독교 이전의 종교 운동에서 비롯되어 수백 년 동안 비밀리에 존재해 온 마법 문화의 현대적 형태.

아내였으며 최초로 케임브리지 대학에서 수학한 여성인 영국 고고
학자 자크타 혹스Jacquetta Hawkes가 가장 잘 요약해 놓은 듯하다. 혹스
는 그동안 그곳에 이어졌던 문화들이 그곳을 자신들의 두려움이나
꿈이 투영된 거울로 바라보았다며 시대마다 저마다의 스톤헨지를
갖고 있다고 농담처럼 이야기했다. 중세 시대에는 멀린Merlin[58]의 지
시에 따라 거인들이 스톤헨지를 지었다고 여겼다. 드루이드 문화에
대한 관심이 높아졌던 18세기와 19세기에 스톤헨지는 드루이드의
숭배와 제사의 장소였고, 1960년대 컴퓨터 시대 초창기에는 거대한
계산기로 인식되기도 했다.

9,000년이나 된 스톤헨지 지대의 건설 작업의 증거를 살펴보면,
그것은 일회적인 프로젝트가 아닌 1,500년 동안 4단계에 걸쳐 완성
된 일련의 역사였다. 건설 연대의 구분에 대해서도 3단계로 나누자
는 주장에서 더 많은 단계로 나누자는 주장에 이르기까지 상당한 논
쟁이 존재하지만 간단한 설명을 위해 거의 정확한 연대 구분을 보여
주는 4단계 설을 채택하기로 한다.

1단계는 BC 3000년경에 동심원의 도랑과 둑을 놓으면서 시작
된다. 동심원의 도랑은 석회암 지반까지 파인 지름 1m 정도의 구덩
이 56개로 이루어져 있다. 아마 높은 나무 기둥들을 세우기 위한 것

인 듯하다. 오늘날에는 이것을 오브리 구멍Aubrey Holes이라고 부르는데, 스톤헨지에 있는 구덩이나 함몰 자국에 대해 최초로 글을 쓴 17세기 골동품 연구가 존 오브리John Aubrey의 이름을 붙인 것이다. 그러나 오브리가 간단하게 언급하고 있는 그 구덩이들이 돌을 설치하기 위해 일부러 만든 구덩이 — 지름 87m의 — 와 일치하는 것인지 지금은 의문의 여지가 있다. 2단계는 BC 2500년경에 400km 떨어진 웨일즈 남서부의 프레셀리 산맥Preseli Mountains에서 80여 개의 이른바 블루스톤bluestones을 들여옴으로써 시작되었다. 각 무게가 약 4톤에 달하는 이 블루스톤의 도입은 그 자체로 물류적인 진일보였다. 거석들로 이루어진 2개의 동심원을 만들기 위해 돌들이 서서히 놓이다가 마지막에 원 하나가 미완성으로 마감된다. 이 단계에서 내부 동심원에 들어갈 수 있도록 입구가 만들어졌다. 3단계에는 북쪽으로 약 40m 떨어진 윌트셔Wiltshire 에이브베리Avebury의 채석장들에서 거대한 입석과 상인방上引枋 돌들을 옮겨 왔다. 500여 명의 남자들이 동원되어 통나무와 판자로 돌을 현장으로 옮겼고, 거기에서 상인방을 얹은 삼석탑[59] 5벌이 내부 동심원 바깥으로 배열된 것으로 추정되어 왔다. 이후, BC 2300년경의 4단계 동안에는 완전한 외부 동심원 안쪽의 불완전한 블루스톤 동심원이 편자형으로 재배열되었고, 이후 그 현장은 더욱 많은 변화를 겪는다. 그런 다음, 스톤헨지는 버려진 채 오랜 시간에 걸쳐 서서히 부식되고 황폐해졌다.

스톤헨지를 컴퓨터, 태양 추적기, 천문 관측대 등으로 여기는 주장을 평가할 때는 위의 사실을 염두에 두는 것이 중요하다. 이러한 상정은 단일 문화가 특정한 계획이나 안건에 따라 단일 프로젝트로 이 기념물을 건설한 것처럼 제안하고 있기 때문이다. 이 구조물은 각 단계에 참여한 이들이 선조들의 목적이나 의도를 알고 있지도 또 신경 쓰지도 않은 상태에서 수백 년에 걸쳐 완성한 여러 단계의 프로젝트였다. 바깥 동심원의 기초인 도랑과 둑은 샐리스베리 평원 Salisbury Plain의 고대 문화였던 윈드밀 힐 민족Windmill Hill People이 작업한 것이었다. 다음으로, 웨섹스Wessex 민족과 비커Beaker 민족이 등

---

59 직립한 두 돌 위에 한 돌을 얹은 거석.

장하여 BC 1500년경의 작업을 마무리한다. 더군다나, 오늘날 우리가 보고 있는 스톤헨지의 모양은 본래의 형태가 아니다. 스톤헨지의 큰 입석들의 출처로 보이는 인근의 에이브베리에 있는 환상 열석와 마찬가지로, 오늘날 우리가 이 두 곳에서 만나고 있는 기념물들이 사실 20세기의 창작물이라고 많은 이들은 주장하고 있다.

스톤헨지나 에이브베리는 20세기가 되어서야 내셔널 트러스트 National Trust[60]나 영국 문화재청English Heritage의 보호를 받게 된다. 그 전에는 에이브베리의 거석들의 경우, 땅을 갈 때 성가신 방해물들로 여겨지거나 다른 작품을 위해 더 작은 조각으로 부숴서 쓸 수 있는 '공짜로 주운 돌' 정도로 취급되었다. 그러다 1934년에 마멀레이드 잼 사업을 크게 하던 알렉산더 케일러Alexander Keiller가 막대한 부를 이용하여 에이브베리의 총 3.7km² 규모의 부지를 그 안의 마을과 함께 통째로 사버렸다. 그리고 그 부지의 5,000년 전 모습을 재건하기 위한 프로젝트에 착수했다. 대담한 케일러는 예산상의 구애를 받지 않고 공식적인 고고학 프로젝트들의 골칫거리가 되면서, 모든 현대 고고학자의 머리카락이 하얗게 새도록 만들 만한 방식으로 내부 동심원 2개로 이루어진 지름 16km짜리 '신석기 시대' 환상 열석의 재건에 착수했다.

~~~~~

60 영국, 웨일스, 북아일랜드에서 역사적인 의미가 있거나 자연미가 뛰어난 곳을 소유, 관리하며 일반인들에게 개방하는 일을 하는 민간단체.

그가 벌인 작업은 에이브베리 거주자 퍼시 로스Percy Lawes에 의해 1937년에서 1939년에 걸쳐 촬영되었고, 이것은 1970년대에 후대를 위해 변환된 비디오 자료 영상에 담겨 있다. 그 필름에는 카일러가 팀과 함께 자신이 구상하는 전체 모양을 만들기 위해 수십 채의 집과 농가 건물을 철거하고, '새로운' 돌기둥의 설치를 위해 새 구덩이들을 파면서 기존의 구덩이들도 그 돌기둥들에 맞추어 모양을 크게 바꾸는 모습이 담겨있다. 하지만 지금은 케일러가 생각했던 모양에 정말 문제가 있다는 사실이 밝혀졌다. 2017년에 레스터Leicester 대학과 사우샘프턴Southampton 대학이 실시한 합동 프로젝트는 최신 지하 침투 레이더를 사용하여 원래 현장에는 가운데 중심 기둥을 주변으로 $30m^2$에 걸쳐 돌무더기가 있었다는 사실을 밝혀냈다. 레스터 대학의 고고학과 학장 마크 길링스Mark Gillings 박사에 따르면, 그런 동심원의 변형태는 거석 기념물들에만 보이는 독특한 형태라고 한다.

스톤헨지 부지는 에이브베리보다 규모가 훨씬 작지만, 똑같은 '재구상' 작업을 비록 작은 수준으로나마 거쳤다. 존 콘스터블John Constable이 1835년에 이 장소를 그려놓은 그림을 인터넷으로 빠르게 검색해 볼 마음이 있는 독자라면 돌들이 대부분이 붕괴 직전의 상태로 기울어져 있는 것을 볼 수 있다. 스톤헨지의 초기 사진들도 돌들이 훨씬 더 진전된 붕괴 상태에 있는 것을 보여주고 있기 때문에, 그의 그림이 시간의 유린을 예술적으로 재해석한 건 아닌 게 분명하다. 20세기로 접어들면서 스톤헨지가 국내외 관심을 끌어 모으

15호 경매물

원래 스톤헨지는 에임즈베리Amesbury 수도원에 귀속돼 있었다. 그런데 1536년에 헨리 8세가 모든 수도원 재산을 몰수하고, 에임즈베리 영지의 소유권을 헤리퍼드 백작the Earl of Hereford에게 넘겼다. 이후, 그 땅은 그 버려진 기념물과 함께 퀸즈베리의 마르키스the Marquis of Queensberry를 비롯한 여러 귀족가문의 손을 거친다.

1824년에는 체셔Cheshire의 안트로버스Antrobus 가문이 스톤헨지와 주변 12,000m²의 땅을 매입하여, 그 안에 여러 채의 별장을 짓고 거석 가까이에 카페까지(나중에 허물어짐) 만들었다. 그러다 안트로버스 가계의 마지막 인물이 1차 세계대전에서 사망하자, 1915년 9월에 그 전체 땅 더미가 경매물로 나왔다.

스톤헨지가 '15호 경매물'로 나오자, 세실 처브 경Sir Cecil Chubb은 이를 6,000파운드에 구입했다. 그 광고가 나온 날 아침에 다른 광고의 다이닝 식탁과 의자 세트에 마음이 꽂혔던 그의 아내가 그를 경매장에 보낸 것이었다. 처브 부인은 그가 인수한 것에 감흥이 없었고, 결국 세실 경은 1918년에 그 땅을 나라에 기부한다.

기 시작하자, 1901년에 그곳을 '정돈하기 위한' 작업이 시작되는데 이 움직임은 많은 분야에서 좋은 호응을 받지 못했다. 『더 타임스The Times』독자 투고란은 '신성 모독'을 비난하는 항의가 빗발쳤다. 그럼에도 불구하고 1919년과 1920년, 다시 1958년과 1959년에 걸쳐 계속 복구가 이루어졌다. 1964년에 마침내 마무리 작업으로 '새로운' 상인방 돌이 추가되었다. 케임브리지 대학교 고고학 및 인류학 박물관Cambridge University Museum of Archaeology and Anthropology의 수석 큐레이터 크리스토퍼 치핀데일Christopher Chippindale에 따르면, 사실 다른 모든 돌들도 어떤 식으로든 이동하고 위치가 바뀐 다음 자리를 잡았다고 한다.

따라서 우리 앞에 있는 이 기념물은 그것의 수천 년 전의 모습을 20세기의 상상력으로 복원한 결과물이다. 21세기에 들어서자, 영국 문화재청의 상임 고고학자 데이비드 배철러David Batchelor가 1960년대에는 개조와 복원 작업이 지침을 따르지 않았다는 사실을 인정했고, 이제는 이 문제도 다루어질 것이다. 과감하게 복원되고 재배치되어 본래의 구조와 달라졌으므로, 이 돌들이 천체 태양계를 따라 배열되었을 거라는 여러 주장에도 문제가 제기된다. 이제 마지막 미스터리가 남았다. 본래 스톤헨지에 지붕이 있었을까?

유행이 바뀌어야 옷 가게가 계속 돈을 벌 듯, 고고학의 활력소는 새로운 이론들이다. 스톤헨지를 둘러싼 가장 최근의 추측은, 그것이 그저 돌기둥들만 원형으로 배열해놓은 게 아니라 실제 건물로서 사용된 적이 있다는 주장이다. 이곳에 대해 오랫동안 관심을 가졌던 저명한 조경사 새러 유뱅크Sarah Ewbank의 말을 옮기자면, 지붕을 씌워 1년 내내 건물로 쓸 수도 있는데, 왜 돌기둥들을 빙 둘러놓고 하지나 동지에만 고급 염소가죽 옷을 입은 채 빙빙 돌며 춤을 추는 고생을 했겠느냐는 것이다. 이런 추측을 한 사람이 그녀뿐만은 아니다. 1990년대 후반, 본머스 대학Bournemouth University의 고고학 교수이자 스톤헨지의 권위자인 티모시 다르빌 박사Dr. Timothy Darvill도 이 발상에 대해 잠정적인 지원을 했다. 하지만 그는 이후 이 지붕 이론과 거리를 유지한다.

영국의 당대 유수한 박물관들의 관장을 역임한 줄리안 스펄딩 박사Dr. Julian Spalding는 스톤헨지의 외부 동심원이 한때 상부구조를 위한 일종의 지지물 기능을 했을 것이라는 주장을 지지한다. 한편, 헐 대학Hull College 고고학과 교수를 역임했던 신석기 시대 기념물 전문가인 오브리 벌 박사Dr. Aubrey Burl는 이 지붕 이론이 가치가 있으며, 가능성도 있다고 신중하게 의견을 밝혔다.

지붕 이론의 지지자들은 외부 동심원의 상인방들이 장부맞춤 mortise-and-tenon[61]으로 돌기둥들의 꼭대기에 끼어 들어가 있다는 사실을 지적한다. 이렇게 꽉 끼워놓은 이유는, 그 위로 건조된 이엉 thatching[62]을 인 아치형 목재 골조의 횡방향 장력을 흡수하기 위한 것으로 보인다. 그런 경우가 아니라면, 상인방을 돌기둥에 굳이 끼워넣지 않고 올려놓기만 했어도 돌 자체의 무게로 굳건히 서 있기에는

---

61 암수 부위를 만들어 끼어 맞추는 식의 연결 방식.

62 초가집의 지붕이나 담을 이기 위하여 짚이나 새 따위로 엮은 물건. —편집자 주

충분했을 것이다. 따라서 이 장부맞춤 결합부는 상부구조의 추가 작업이 예상되는 경우에만 의미가 있다. 앞서 언급한 오브리 구멍들에 들어간 목재 기둥들이 완성된 구조물을 에워싸는 일종의 외부 베란다 역할을 했을 수 있다는 사실도 제시되어 왔다. 하지만, 지붕의 이엉이나 목재 지지대가 오래전에 썩어 없어졌기 때문에, 적어도 당분간 이 지붕이론은 추측의 영역에서 난항을 겪을 것으로 예상된다.

5부

○
●

분쟁과 재앙을 둘러싼
미스터리

탐욕이 지어낸 거짓말, 캘커타의 블랙홀

○
●

영국과 인도에서 매우 잘 알려져 있는 이 잔혹한 이야기는 기껏해야 단순히 부풀려진 사건, 혹은 아시아 대륙에서 영향력을 넓히기 위해 대중과 정부의 지원을 열망하던 동인도 회사East India Company, EIC의 악의적 음모로 볼 수 있다.

엘리자베스 1세가 1600년 12월 31일에 선포한 왕실 헌장에 의해 설립되어 18세기 무렵 거대 기업이 된 동인도 회사의 규모는 21세기의 모든 대기업을 왜소하게 만들 정도였다. 이 회사는 정부의 통제를 초월하여 모두가 염려할 정도의 규모로 성장했을 뿐 아니라 영국 정규군을 뛰어넘는 독자적인 군대와 해군까지 보유했다. 1850년대에 최고 정점일 때는 병력이 27만 명이 넘었고, 영국 해군의 수보다 더 많은 동인도 회사 선박들이 항해에 나섰다. 1756년, 동인도 회사는 캘커타(현재의 콜카타Kolkata)에서 위세를 떨치다가, 벵골의 나와브Nawab of Bengal였던 시라드 유드 다울라Siraj ud-Daulah와의 협정을 무시하고 내정을 간섭하게 된다. 동인도 회사가 벵골에 있는 군대 기지 윌리엄 요새Fort William를 대규모로 확장하는 공사를 시작하자, 벵골의 나와브는 그 이유에 대해 근거 있는 의혹을 품고 그해 6월 20일에 요새를 공격했다.

동인도 회사의 군대와 지역 용병들은 대부분 탈주하여 달아났기 때문에 나와브의 군대가 그곳에 닥쳤을 때 요새에 남아 있던 병사는 거의 없었다. 따라서 그곳 사람들이 블랙홀Black Hole이라고 불렀던 요새 감옥에 투옥된 유럽인들의 정확한 숫자는 거의 알려지지 않았다. 나와브는 요새의 현장에 있던 동인도 회사 고위 관료 존 제파니아 홀웰John Zephaniah Holwell에게 아무런 해도 입히지 않을 거라고

즉각 통보하며, 그들이 자신의 말을 잘 들으면 요새의 감옥 안에서 방해받지 않고 지내게 해줄 것을 약속한다. 그러나 나와브가 요새를 떠나자마자 유럽인들은 심술을 부리며 나와브의 부하들을 힘들게 했고, 나와브의 부하들은 그 주모자들을 — 그의 말이 신빙성이 있다면 홀웰까지도 — 혼내주려고 동인도 회사의 그 끔찍한 감옥에 처넣었다. 인원수를 가장 낮게 추정한 기록에는 9명이 수감되었고, 그중 3명이 아침이 되자 사망했다고 나와 있다. 사망 원인도, 체포자들이 가한 잔혹 행위 때문이 아니라, 전날 요새를 무력하게 방어하면서 얻게 된 상처 때문이었다.

분노에 찬 홀웰은 런던으로 돌아와 동인도 회사가 캘커타 지역에 대한 권리를 회복하고 주변까지 영향력을 넓히게 하기 위해,『블랙홀에서 억압받았던 영국 신사들과 어떤 이들의 비참한 죽음에 관한 진실한 이야기A Genuine Narrative of the Deplorable Deaths of the English Gentlemen and Others Who Were Suffocated in The Black Hole』를 펴냈다.

홀웰이 당시에 인도에 가지도 않은 동인도 회사의 임원들까지 집어넣어서 짜낸 이야기에 따르면, 146명이 토굴에 갇혔다가 다음날 아침 겨우 23명만이 비틀거리며 살아 나왔다고 한다. 그 사건이 벌어질 당시 그렇게 많은 수의 유럽인이 요새에 남아 있지도 않았고, 토굴의 크기도 겨우 높이 5.5m, 너비 4m밖에 안되었기 때문에, 그만한 수의 사람이 들어갈 수가 없었다. 더구나 홀웰이 그 밤의 공포를 끔찍하게 묘사하고 있는 부분에도 문제가 있다. 그는 묶여 있던 동료들 앞에 있는 모래 바닥에 간수들이 킬킬대며 물을 콸콸 쏟아 붓자 물을 먹고 싶어 절망과 고통에 몸서리치던 동료들의 비참한 표정을 세세하게 묘사했다. 이는 말도 안 되는 이야기이다. 그 감옥은 아무 이유 없이 블랙홀로 불린 것이 아니다. 거기에 있는 창이라고는 조그마한 환기 구멍 2개밖에 없었는데, 이름처럼 깜깜한 그 어둠 속에서 어떻게 그렇게 자세히 볼 수 있었단 말인가? 하지만 위대한 영국 국민들은 홀웰의 그런 싸구려 책에 대해 어떤 논리적 의심도 품을 상황이 아니었다. 그들은 벵골의 나와브를 때려죽일 필요가 있었다. 인도의 클라이브Clive of India라는 별칭의 로버트 클라이브Robert Clive[63]라는 야수를 풀어놓을 때가 온 것이다.

이것이 바로 동인도 회사가 기대했던 반응이었다. 대중이 피를 부르짖고 있었기 때문에, 정부의 어떤 이도 동인도 회사의 보복 수준에 감히 규제를 가할 수 없었다. 그리고 그런 일에는 로버트 클라이브가 안성맞춤이었다. 가문의 땅인 쉬롭셔Shropshire (잉글랜드 중서부의 주)의 마켓 드레이튼Market Drayton에서 태어난 클라이브는 길거리 싸움을 좋아하는 깡패로 유명했는데, 마을과 인근 지역에서 돈을 뜯어내며 살았다. 그의 화를 돋우고 싶지 않았던 점포나 사업장의 주인들은 그에게 돈을 줄 수밖에 달리 방도가 없었다. 그가 18살이 되자

63　1700년대 인도에서 활약한 영국의 군인·정치가.

마켓 드레이튼 전체가, 그리고 특히 그의 가족이 그를 더 이상 견딜 수 없어, 그를 동인도 회사에 취직시켜 인도로 보내버렸다. 이후 그는 동인도 회사의 군대에 들어갔다. 사람들은 여러 단계를 승진하여 크게 성공한 클라이브를 용감무쌍한 사령관이라고 착각했지만, 이제 그는 거리 깡패들이 아닌 군대를 휘하에 둔 깡패 두목이었다. 그는 이미 아편에 중독돼 있던 터라 자신과 타인의 안전을 거의 범죄적 수준으로 묵살했다.

로버트 클라이브의 종말

로버트 클라이브는 그의 모든 재산을 부정한 방법으로 모았는데, 그로 인해 1774년 11월 22일에 버클리 광장Berkeley Square의 저택에서 미스터리한 죽음을 맞는다. 이상하게도, 사인에 대한 검사는 이루어지지 않았고, 그저 목이 베여 죽었다든지, 아편 과다 복용으로 죽었다든지 하는 소문만 떠돌았다. 예전에 마켓 드레이튼Market Drayton에서 그에게 피해를 입은 자들이 마침내 그에게 해를 입힌 것으로 보인다. 어쨌든, 그는 출생지에 가까운 모튼 세이Moreton Say의 교구 교회에 묘비 없이 묻혔다. 그의 자손들이 2004년 크리스티Christie 경매장에서 6점의 무굴 제국Moghul 미술품을 내놓아 470만 파운드에 팔았는데, 이로써 그가 약탈한 전리품들의 규모를 알 수 있다. 소도시 깡패치고는 상당한 수준이었다!

클라이브는 나와브의 병력을 완파하여 윌리엄 요새를 다시 차지한 다음, 마켓 드레이튼에서 청소년 시절에 사용했던 전략을 써서, 다른 지방들이 동인도 회사의 휘하에 모이게 하는 일에 착수했다. 꼭두각시가 되어 동인도 회사에 협조하기로 한 이들은 미래의 적을 진압하는 데 클라이브의 군대를 사용한 대가로 두둑한 보상금을 챙겨 주어야 했다. 클라이브는 그런 식으로 약탈하여 모은 뇌물 덕분에 큰 부자가 되어 영국으로 돌아왔다. 당시에는 동인도 회사가 인도의 많은 부분을 악의와 탐욕으로 장악하고 있었기 때문에, 클라이브를 부추겨서 반격하게 했다는 홀웰 이야기의 진실성을 의심하는이는 별로 없었다.

이에 대한 최초의 설득력 있는 반박은 1915년에 나왔다. 캘커타역사 학회Calcutta Historical Society의 사무총장 J.H. 리틀J. H. Little이 『블랙홀 이야기 ─ 홀웰의 진실성에 대한 의문The Black Hole ─ The Question of Holwell's Veracity』에서 이 이야기를 반박했다.

이 책이 나온 후 수십 년이 지나서 다카 대학Dacca University의 부총장 라메시 찬드라 마줌더Ramesh Chandra Majumdar와 현대 인도사의 교수이자 서벵골 주 문서기록실West Bengal State Archives의 소장인 바수뎁 차토파댜야Basudeb Chattopadhyay 같은 이들이 상세한 보고서들을 내놓는다.

마침내 1947년에 영국이 식민지였던 인도에서 참담하게 물러났다. 인도의 군중은 영국이 인도의 잔인성과 배은망덕을 상기시키려고 세웠지만, 도리어 영국의 점령을 가장 모욕적이게 상기시켰던 블랙홀 기념비Black Hole Monument를 제일 먼저 허물어뜨렸다.[64]

---

64 이 기념비는 후에 복원되어 현재 캘커타의 성 요한 교회St John's Church 경내에 있다.

남아메리카와 스페인, 아일랜드의 삼각관계

○
●

남아메리카를 처음 방문하는 이들은 남아메리카 문화에 뚜렷하게 나타나는 아일랜드의 영향에 궁금증을 느끼게 된다. 특히, 이는 칠레Chile에서 두드러지는데, 베르나르도 오히긴스Bernardo O'Higgins (1778-1842)라는 부조화스러운 이름의 인물을 위해 여러 개의 동상이 세워져 있는 것이 볼 수 있다. 그는 카운티 슬라이고County Sligo(아일랜드의 서북부에 있는 주) 출신 가문의 사람으로, 아직도 스페인 통치에서 칠레를 해방시킨 칠레 독립의 아버지로 여겨지고 있는 칠레 최초의 최고 지휘관Supreme Director이었다. 마찬가지로 아르헨티나의 관광객들도 아일랜드식 술집과 음식점들이 많은 것에 놀랄 것이다. 성패트릭 기념일St Patrick's Day 때마다 거대한 축하 행사가 열리고, 리우 데 자네이루Rio de Janeiro에 우뚝 서 있는 구세주 그리스도상Statue of

Christ the Redeemer이 샴록 그린shamrock-green의 불빛에 휩싸이는 브라질에서도 마찬가지이다. 남아메리카와 아일랜드를 묶고 있는 연결성의 기원은 1500년대 초로 거슬러 올라간다. 그 당시, 스페인과 아일랜드 남부의 카운티들은 강력한 동업 조합들을 결성하였고, 이는 중요도에 비해 비교적 덜 알려진 아일랜드 디아스포라Irish diaspora(집단 이주)로 이어졌다. 이는 같은 세기에 멕시코와 남아메리카를 침략했던 스페인 정복자들의 뒤를 따라 발생했다.

1519년에 일어난 헤르난 코르테즈Hernan Cortez의 멕시코Mexico 침공과 1520년대에 걸쳐 일어난 프란시스코 피사로Francisco Pizarro의 남아메리카 침공에 대한 역사는 큰 오해를 받고 있다. 각 역사마다 스페인 침공군들은 잉카나 멕시코 아즈텍인들에 비해 선천적으로 우월했기 때문에 별로 큰 힘을 들이지 않고 승리를 거두었다고 한다. 남아메리카인들이 매우 미개해서 비교적 창백한 피부를 가지고 있던 스페인 사람들을 이교도 신들의 현현이라고 여겼다는 것이다.

말할 필요도 없이, 이는 진실과 매우 다르다. 실제로 두 침략군들을 스페인인이라고 불렀다는 것조차 과장돼 있다. 그들은 자신들을 스페인인으로 여기지 않았다. 우리가 스페인이라고 부르는 나라는 당시 아라곤 공국 페르디난드와 카스티야 공국 이사벨라의 결혼(1469년)에 의해 표면적으로만 결합된 상태에 있던 독립 공국들의 불안한 동맹이었다. 하지만 이를 계기로 카탈로니아Catalonia, 바스크 지방Basque Lands, 무르시아Murcia, 안달루시아Andalusia, 발렌시아

Valencia 등 '스페인의' 여러 역사적 지역들이 서로 적대적이지 않은 합일체로 점차 편입되었다. 이 불안정한 통일은 현대 스페인에서도 여실히 확인된다. ETA(자유 조국 바스크, Basque Fatherland and Liberty)라고 알려져 있는 바스크 분리주의자들이 계속 테러를 벌이고 있으며, 카탈로니아에서 있었던 2017년의 투표에서는 분리주의자들이 승리하였다. 지금도 상황이 이렇기 때문에, 스페인에서 대부분의 사람들은 처음에 출신지를 밝혀서 자기소개를 한다.

코르테즈Cortez는 엑스트레마두라Extremadura(스페인 서부의 지방) 출신이었고, 피사로는 카스티야 출신이었다. 많은 이들이 생각하는 것처럼 피사로가 1526년에 갑자기 페루에 상륙하여 그 땅을 점령한 것은 아니었다. 해적 모험가인 그는 이미 남아메리카를 몇 차례 다녀간 적이 있는데, 파나마Panama에 있을 때 페루에 금이 풍부하다는 이야기를 접했다. 하지만 1524년에 시도했던 페루 침공은 토착민들에 의해 좌절되었다. 1526년에 다시 침공을 시도했지만, 페루 땅에 발을 들여놓자마자 파나마 주지사였던 페드로 데 로스 리오스Pedro de los Rios에 의해 소환되었다. 파나마에 돌아가기 싫었던 그는 칼끝으로 해변의 모래 위에 선을 그은 후, 파나마로 돌아갈 사람은 선을 건너가게 하고, 자신과 함께 페루에 남겠다고 하는 '모든 훌륭한 카스티야인'은 자기 쪽으로 불러 모았다. 스페인의 역사는 페루에 남기로 한 그 사람들을 '명예로운 13인Famous Thirteen'으로 칭송한다. 이로 인해 피사로가 그 12명의 도움을 받아 페루 전체를 복속시켰다는 낭설이 널리 퍼졌다. 실은 페루 거점을 구축하려고 했던 시도가 실패로 끝나서, 이 명예로운 13인은 어쩔 수 없이 꼬리를 내리고 파나마로 돌아가야 했다.

하지만 이에 굴하지 않고 피사로는 부하들을 그곳에 남겨 두고 마드리드Madrid로 돌아가서, 신성 로마 황제Holy Roman Emperor이자 이탈리아 카를로스 5세Charles V이기도 했던 스페인의 카를 1세Charles I에게 엄청난 금이 그저 발굴되기만을 기다리고 있다고 설득한다. 그 결과, 왕은 그에게 면허장, 완비된 선박 3척, 포병, 180명의 병사를 인가해 준다.

피사로는 그렇게 힘을 보강한 상태로 페루로 돌아왔다. 그는 페루 내 다른 종족들이 고압적인 잉카인들을 좋아하지 않는다는 사실을 알고 35,000명이 넘는 토착인 군대를 일으킨다. 코르테즈의 상황도 마찬가지였다. 그도 역시, 절대 권력을 가진 아즈텍인들에 맞서 자신의 운동을 지원하는 20만 명이 넘는 지역 군대를 일으키는 데 별 어려움이 없었다.

아즈텍의 지도자 몬테주마Montezuma는 코르테즈를 켓잘코틀Quetzalcoatl — 깃털 달린 뱀 신 — 의 화신으로 여겼고, 잉카인들은 피사로를 비라코차Viracocha(잉카 문명의 창조신)의 살아 있는 현현으로 여겼기 때문에, 두 종족 모두 침략자들에게 금을 퍼부어 주었다고 한다. 하지만 이 주장을 뒷받침하는 증거가 전혀 없는 데 비해, 이를 반박하는 증거는 많다. 이는 두 사람이 탐욕에 눈이 멀어 그들에게

가한 대대적인 살육을 스페인 역사가들이 은폐하기 위해 지어낸 것
으로 볼 수 있다. 이 이야기들은 그 일들이 일어나고 수십 년이 흐른
뒤에 등장했다. 더구나 잉카인과 아즈텍인들이 침략자들의 끔찍한
행동을 제대로 인식하지도 못하고, 그들에게 치명적으로 끌리어 그
들을 신성시했다고 믿기는 어렵다.

피사로의 흉악한 무리는 그들 모두가 원하던 그 한 가지—그들
이 엘도라도El Dorado라고 불렀던 전설 속의 도시—를 찾지 못했다.
이는 엘도라도가 존재하지 않아서가 아니라, 스페인 사람들이 그 전
설을 오해하고 있어서였다. 엘도라도는 도시가 아니라 실은 어떤 사
람을 가리키는 말이었다. 새로운 잉카 지도자가 될 후보는 왕위에
오르기 전에 며칠 동안 고립된 채로 명상에 잠겨 있다가 나와, 발가
벗은 상태에서 꿀이나 기름을 몸에 바르고, 다시 그 위에 엄청난 양
의 금가루를 묻혀 자신이 황금 제왕Golden King 또는 황금 인간Golden
One이라는 사실을 백성들 앞에게 보여줘야 했다.

하지만 스페인 침략자들은 엘도라도가 금이 가득한 도시라고 확
신하고, 포로들을 잡아다가 그 위치를 취조했다. 고문의 문제점은 피
해자들이 고통에서 벗어나기 위해 고문자가 듣고 싶어 하는 말을 무
조건 빨리 내뱉는다는 것이다. 그리하여, 셀 수 없이 많은 잉카인이
엘도라도라는 도시가 실제로 존재하기는 하지만 아주 멀리 있다고
털어놓게 되었다.

리머릭에 온 체 게바라

1928년 에르네스토 린지Ernesto Lynch를 본명으로 하여 태어난 유명한 마르크스주의 혁명가 체 게바라Che Guevara는 1749년에 부에노스아이레스로 이주한 골웨이Galway(아일랜드 공화국 서부) 출신 패트릭 린치Patrick Lynch의 직계 자손이다. 평소에 게바라는 자신이 아일랜드인의 후예라는 사실을 매우 자랑스럽게 여겼다. 1965년 3월 13일에는 아일랜드의 섀넌 공항Shannon Airport에서 프라하-뉴욕 항공편을 취소하고, 그곳 리머릭 Limerick[65]에서 열리고 있던 성 패트릭 기념일의 전야 행사에 참석했다. 게바라가 자신의 트레이드마크인 낡은 군복을 입고 핸래티 호텔Hanratty 's Hotel 바에 들어가 기네스 한 잔을 주문하자, 그곳에서 술을 마시고 있던 사람들의 입이 떡 벌어졌다.

게바라는 더블린 『선데이 트리뷰트Sunday Tribune』의 아서 퀸란Arthur Quinlan과 함께 술집 순례를 하다가 오코넬 거리O'Connell Street의 화이트 호스White Horse 바에서 술에 취해 자리에서 일어서지도 못할 지경이 된다. 퀸란은 뭔가 정보를 얻어내려고 자신은 일부러 술에 취하지 않은 채 있었다고 회고했는데, 그의 술 취한 동지는 아무것도 누설하지 않았다. 다만 한 가지 누설된 사실은, 게바라가 인터뷰에서 항상 부인했던 사실과는 다르게 그가 영어를 할 줄 알았다는 것이다.

---

65 아일랜드 서쪽에 있는 시로, 섀넌 공항이 있다.

말하자면, 스페인 사람들이 금을 찾아 남아메리카로 향할 때 그들의 오래된 거래 파트너였던 아일랜드인들도 함께 따라갔고, 이 때문에 아르헨티나는 세계에서 다섯 번째로 큰 아일랜드 인구를 형성하게 되었다. 많은 아일랜드인들이 힘들고 굶주렸던 시기에 뉴욕과 시카고를 향해 갔다는 이야기는 매우 유명하다. 그런데 이들은 대개 아일랜드 북부 출신이었다. 아일랜드 남부 출신들은 스페인, 멕시코, 남아메리카를 건설했다.

그런 초기 이주자 중에 1630년에 스페인으로 배를 타고 가서 멕시코로 건너간 웩스포드Wexford[66]의 윌리엄 램포트William Lamport도 있었다. 그는 멕시코에서 소설 속 인물 조로Zorro에게 영감을 주었을 법한 대담한 행동을 하며 1641년에 멕시코 독립 운동에 가담했다. 멕시코시티의 독립 기념관Monument to Independence에도 램포트 동상이 있을 정도다. 1846년에서 1848년에 걸쳐 미국과 멕시코 사이에 벌어졌던 전쟁 중에, 미 육군에 속했던 수백 명의 아일랜드 병사가 탈주하여 멕시코로 건너가 성 패트릭 군단St Patrick's Battalion을 창건했다. 이들은 아직까지도 멕시코와 아일랜드에서 자유의 전사들로 추모되고 있다.

히스패닉과 아일랜드 사이의 융합은 역으로도 확인할 수 있다.

---

66 아일랜드의 동남부 도시.

1918년에 설립된 아일랜드 공화국의 첫 번째 총리는 미 대륙에서 아일랜드계 어머니와 바스크계 아버지 사이에서 태어난 에이먼데 발레라Eamon de Valera였다. 1806년에 있었던 리버 플레이트 침공Invasion of River Plate 당시, 영국이 광대한 아르헨티나 영토를 장악하려 하자 영국군에 속했던 아일랜드 군인들이 전부 탈주해서 아르헨티나 군대에 합류했다. 1916년 아일랜드의 부활절 봉기Easter Rising에 더블린 중앙 우체국General Post Office 건물 위에서 독립국 아일랜드Independent Ireland의 깃발을 높이 올려 들었던 사람도 에이먼 벌핀Eamon Bulfin이라는 아르헨티나 출신의 남자였다(그는 봉기가 진압된 후 추방되었다가 앞서 언급한 총리 에이먼 드 발레라에 의해 부에노스 아이레스의 아일랜드 총 영사로 지명된다).

또한 영국과 아르헨티나의 포클랜드 분쟁Falklands Conflict 중에 아일랜드가 보였던 입장에서도 남아메리카와 아일랜드의 유대 관계가 여전히 결속되어 있음을 알 수 있다. 당시 호히Haughey [67]정부는 대중 매체로부터 영국의 반역과 배반 행위에 대한 비난을 유도하면서, 영국이 제너럴 벨그라노호General Belgrano를 격침한 사건을 공격하며, 유엔 안전 보장 이사회에 즉각적인 정전 조치를 촉구했다.

스페인과 아일랜드 간의 이러한 연계성은 16세기의 단순한 상호

---

67 1979년부터 1981년까지 재임했던 아일랜드의 수상.

무역 협상보다 더 깊어 보인다. 트리니티 칼리지 더블린Trinity College Dublin 유전학부Genetics Department 의 대니얼 G. 브래들리 박사Dr. Daniel G. Bradley의 연구는 노르웨이와 스페인의 대학이 진행한 연구들에 의해 반복되고 확인되었는데, 최근에 브래들리 박사는 유전적으로 아일랜드인의 가장 가까운 친척은 다름 아닌 스페인 북부의 바스크족이라는 사실을 밝혀냈다. 이 발견은 아일랜드인들이 그리스도의 시대 이전에 스페인에서 건너온 밀레시우스Milesius 라는 남자의 아들들의 후손이라고 주장하는 아일랜드의 옛 전설과 일맥상통한다.

약간은 칙칙한 얘기지만 아일랜드의 디아스포라를 유발한 1845년의 감자 기근Great Potato Famine 의 원인이 감자 역병균 Phytophthora infestans 이라는 곰팡이라고 오랫동안 알려졌는데, 그것이 역사적으로 어떻게 아일랜드에 유입되었는지는 아무도 알지 못했다. 최근에 연구자들은 그것이 남아메리카로부터 유입되었고, 아일랜드 항구로 거래를 하러 온 스페인 배에 실려 왔을 가능성이 높다는 사실을 밝혀냈다.

집안 싸움이 번진 경기병 여단의 비극

○
●

영국인들만이 군사적 실책마저도 국가의 자존심을 살리는 데 사용할 수 있다는 말이 있다. 이를 보여주는 예로 러시아 제국의 세력에 대항하여 투르크, 프랑스, 영국이 연합 전선을 펼치던 크림 전쟁 중 1854년 10월 25일에 일어난 '경기병[68] 여단의 돌격Charge of Light Brigade'만한 것이 없을 것이다. 어떻게 1개 여단밖에 안되었던 영국 기병대가 여러 여단이었던 코사크 기병대에 의해 방어되던 러시아 포병 전체를 상대로 정면 공격을 감행했을까? 영국은 이 사건을 19세기 영국 군인의 꽉 다문 입술로 표상되는 무조건적인 복종의 예

68 민첩하게 활동할 수 있도록 가볍게 무장한 기병. —편집자 주

로 기리고자 한다. 시인 알프레드 테니슨 경Lord Alfred Tennyson은 이 사건을 시로 이렇게 찬양했다. "그들은 왜냐고 묻지 않고, 그저 나아가서 죽을 수밖에 없었다." 사실 이 사건은 영국 육군이 가지고 있던 전체 명령 체계상의 문제로 인해 빚어진 실책이 너무 확대 해석된 것이다. 대체적인 원인은 처남과 매제 사이였던 어떤 두 사람 사이의 오래된 불화와 군대 특권 계급이 직업 군인의 등장에 느꼈던 절망적인 공포감에서 기인했다.

발라클라바Balaklava 전투가 한창이던 어느 날, 러시아군들이 코즈웨이 고지Causeway Heights에 있는 3개의 투르크 포좌emplacement, 砲座[69]에서 득시글거리고 있었다. 전투사령부에서 이를 지켜보던 영국군 총사령관 래글란 경Lord Raglan은 러시아군들이 포획한 무기를 운송할 준비를 하고 있다고 생각하고 옆에 우연히 서 있던 병참감 리처드 에어리 장군General Richard Airey에게 서둘러 명령을 하달했다. 아직도 남아 있는 이 종잇조각에는 이렇게 쓰여 있다.

"래글란 경께서 기병대는 빠르게 '전선으로 이동하여advance to the front' 적을 뒤따라가 그들의 무기 운반을 저지하라 하십니다. 기마포병대가 지원할 것이고 프랑스 기병대도 왼쪽에서 도와줄 것입니다. 에어리 장군. 당장이요."

~~~~

69 총을 올려놓고 쏘는 장소.

에어리는 이 쪽지를 중간에서 말이 잘린 상태로 자신의 보좌관 놀란 대위Captain Nolan에게 이렇게 전달한다. "루칸Lucan에게 기병대를 즉시 '출격시키라고attack' 전하라." 놀란 대위는 너무 애매한 명령에 놀랐다. 이 사건을 담은 1968년의 영화에서 래글란 경 역할을 맡은 존 길구드 경Sir John Gielgud은 놀란을 못 미더워하며 그가 떠날 때 이런 말을 한다. "그는 자신의 임무를 매우 잘 아네. 매우 슬픈 날이 될 걸세. 에어리, 영국은 자신의 임무를 매우 잘 아는 이들이 통솔하는 군대를 보유하고 있지. 살인의 기운이 느껴지네."

영화 연출가들은 이 말을 직접적인 대사로 제시하고 있지만, 래글란 경이 그런 말을 한 사실은 발견되지 않는다. 하지만 이것이 영화 각본상으로 지어낸 대사이긴 해도, 거기에는 그 전투에서 자신들의 역할을 사실상 알고 있었던 놀란 대위 같은 신흥 군인의 부상에 대한 군부 귀족들의 태도가 잘 요약돼 있다.

캐나다에서 태어난 놀란 대위는 식민지의 하위 계층 출신으로서, 고위 장교들로부터 존경받지 못하는 하위 직급으로 인도에서도 복무했다. 군부 귀족에게는 골치 아프게도 놀란은 군대나 전쟁 업무에 전문적으로 접근했다. 그는 말이나 병사의 복지에 신경을 썼고, 전략적 사안들이나 당시 일반화된 군복의 간략화 필요성에 대해서도 글을 썼다. 말을 타거나 전투를 할 때, 또는 관목이나 숲 지대를 통과할 때, 군복에 붙은 치렁대는 장식들 때문에 문제를 많이 겪는다는 주장이었다. 돈을 가진 사람이 계급이나 연대 지휘권을 살 수 있는 매관매직에 대해서도 공개적으로 비난했다.

권력 상층부는 매관매직을 상류 계급이 관장하는 육군 통제권을 보장할 방법으로 보았지만, 이는 전쟁 경험도 없고 상식도 부족한 고위 장교들의 무지로 인해 수천 명의 정규 군인들이 불필요하게 죽어나가는 것을 의미했다. 40,000파운드로 후사르Hussars 연대 11사단의 대령직을 산 다음 자기 군대를 가장 '패셔너블하게' 만드는 데 큰돈을 또 들였던 카디건 경Lord Cardigan (장병들이 전투복 아래에 받쳐 입던 카디건을 유행시킴)은 놀란의 의견을 개인적으로 기분 나쁘게 받아들였다.

놀란이 래글란의 명령을 루칸에게 전달했지만, 부대의 위치상 루칸의 시야에는 코즈웨이 언덕의 모습이 잘 들어오지 않았기 때문에 그는 직도 무기도 안 보인다고 항의했다. 놀란 역시 마찬가지로 기분이 언짢은 상태였기에 자신이 어디를 가리키고 있는지도 모르고, 코즈웨이 고지 쪽이 아니라 1.6km 이상 떨어진 노스 밸리North Valley의 러시아 포병 부대 쪽을 가리키며 이렇게 말했다. "루칸 부사령관님. 저쪽에 적들과 무기가 있습니다." 루칸은 말을 타고 달려 평소에 미워하던 매제인 부하 카디건 경에게 명령을 전달했다.

제대로 말하자면, 루칸과 카디건 사이에 불화가 심하지 않았더라면, 그들은 그 명령의 정확성에 대해 의심을 품으며 그것을 제대로 해석하기 위해 대화를 이어나갔을 것이다. 하지만 루칸은 사실 노스 밸리에서 그들을 삼키려고 기다리고 있는 지옥문 안으로 자신의 철천지원수를 내몰 생각에 간신히 기쁨을 참고 있었고, 그렇게 그 둘은 서로 씩씩거리며 서 있었다. 루칸이 그의 중포병 여단을 이끌어 카디건을 지원하기로 돼 있었지만, 그는 정말로 그런 어리석음을 범할 의도는 없었다. 그의 여단은 그저 노스 밸리의 입구까지 달려가서, 저 멀리로 경기병대 군인들이 자욱한 먼지 구름 속으로 사라져 가는 것을 바라만 보았다.

경기병 여단이 잘못된 방향으로 출발하자 놀란은 그때서야 명령을 잘못 해석했음을 깨닫고, 그들을 뒤쫓아 가서 왼쪽으로 방향을 틀라고 요청한다. 그러나 그 즉시 그는 조명탄 파편에 맞아 죽음을 맞고, 경기병 여단은 운명의 손에 버려진다. 러시아 군인들은 자신들의 눈을 믿을 수가 없었다. 670명의 경기병 여단이 자신들을 향해 돌진해오고 있었다. 처음에는 그들이 어느 순간이라도 공격 대상을 바꾸어 다른 곳으로 방향을 틀 것이라고 생각했지만, 그들은 계속 자신들을 향해 달려오고 있었다. 세 방향에서 약화 사격을 하고 있음에도 불구하고, 경기병 여단은 카디건 경이 선두에 선 상태로 무기가 있는 곳에 도착했다.

카디건은 러시아 포병을 지나 전쟁 전에 런던의 사교 모임에서 친하게 지냈던 러시아 군대 장교 미카일 라드지윌Mikhail Radziwill을 응시했다. 두 남자는 힘차게 경례를 교환했고, 이제 카디건은 무기가 있는 곳으로 돌아가 본진으로 되돌아오기 위해 말에 올랐다. 그는 회군하는 길에, 러시아 전선을 향해 아직도 달려가고 있는 마지막 낙오 병사를 지나쳐 돌아왔다. 카디건을 비롯한 그런 부류들의 사고방식이나 태도는 나중에 나온 그의 해명에 의해 잘 이해된다. 그는 목표를 향해 병사들만 이끌고 가면 임무가 끝난 것이기에, 거기 머물러 '사병들 틈에서 적과 싸울' 필요는 없다고 여겼다. 특별히 더 이상 할 일이 없었던 그는 발라크라바 항구에 있는 요트를 수리한 뒤 샴페인 디너를 즐겼다.

빅토리아 십자 훈장Victoria Cross[70]

경기병 여단 공격의 실책을 계기로, 여왕은 모든 직급에게 부여하는 최초의 고위급 상으로서 빅토리아 십자 훈장을 제정하게 된다. 이 훈장은 크림 전쟁에서 탈환해 온 러시아 총들로만 주조해야 했다(빅토리아 십자 훈장에 관해 아직도 대부분 그렇게 이해하고 있다). 그런데 망가진 중국 총들을 처리해야 했던 울위치 왕립 무기고Woolwich Arsenal에서는 안타깝게도 이를 따르지 못했다. 그들은 중국 총들의 후부를 쳐내고 나서 금석 덩이를 훈장을 주조할 임무를 띠고 있던 런던 핸콕스Hancocks 보석 세공사들에게 보냈다.

1857년 6월 26일에 하이드 파크Hyde Park에는 훈장을 받으러 온 크림 전쟁 참전 용사들이 줄을 섰고, 빅토리아 여왕은 많은 이의 만류에도 불구하고 말에 올라 앉아 훈장을 나누어 주었다. 그녀는 62명의 수혜자 중 첫 번째 병사 헨리 제임스 레이비 중위Lt Henry James Raby에게 다가가 몸을 기울이다가 안장에서 미끄러졌다. 훈장의 핀이 그 불쌍한 중위의 젖꼭지를 찔렀다. 레이비는 자신을 그날 여왕 앞에 서게 해 준 영국 군인의 불굴의 정신으로 조금도 움찔하지 않고 아무 소리도 내지 않았다.

---

70 영국 및 영연방의 군인에게 수여하는 무공 훈장.

러시아 무기 부대를 뚫고 지나간 경기병 여단 병사들은 죄수로 잡혀 러시아인들로부터 술김에 그렇게 했느냐는 질문과 경외의 시선을 계속 받았다. 술김에 그런 게 아닌 게 밝혀졌을 때, 그들은 영웅으로 칭송을 받았고, 마실 수 있는 만큼 보드카를 제공받았다. 당시 상황을 참작했을 때 전체 사상자는 사망자 110명, 부상자 161명, 포로로 잡혀간 병사 60명으로 기적적으로 낮은 수치를 기록했다. 당시 관찰력이 예리했던 프랑스의 보스케 장군General Bosquet은 경기병 여단이 러시아 무기를 향해 달려가는 모습을 보며, "장엄한 광경이군, 하지만 이건 전쟁이 아니라 그저 바보짓이야"라고 말했다. 그 실책에 대한 가장 적절한 의견이었다. 하지만 이제부터 은폐의 시간이 시작된다.

래글란 경은 잘 보이는 위치에서 그 얼빠진 짓이 전개되는 상황을 지켜보며, 누군가의 머리가 날아갈 것임을 직감하고 자기가 그 머리의 주인이 되지 않기 위해 수를 쓴다. 래글란과 에어리는 다른 연락장교를 급파하여 잘못 전달된 쪽지를 루칸 경으로부터 회수하려고 했다. 경기병 여단의 4분의 1을 맡았던 경기병 대대 4사단의 불운한 지휘관 조지 파젯 경Sir George Paget은 당시 그들이 래글란 경이 의도했던 대로 코즈웨이 고지를 공격했더라도, 그 돌격 역시 완전한 재앙으로 끝났을 거라고 했다. 그렇다면 그런 얼토당토않은 어리석은 명령이 처음에 내려졌을 때, 왜 그는 그 이유를 알고 싶어 하지 않았을까?

래글란과 에어리에게는 불행하게도, 루칸은 그 쪽지의 중요성을 깨닫고 그것을 자신의 민간 통역관 존 엘라이자 블런트John Elijah Blunt 에게 안전하게 보관하라는 지시와 함께 전달했다. 래글란과 에어리 가 원본을 반환해 날라고 마지막까지 계속 요구해도 그 쪽지의 사본 들만 그들에게 되돌아왔다. 하지만 루칸도 자신의 작전에 의해 비운 의 길을 가게 된다. 래글란은 카디건에게 명령을 명료하게 지시하지 못한 죄를 루칸에게 물었고, 그는 그에 대한 불명예를 안고 영국으 로 돌아왔다.

루칸이 영국으로 떠나자, 연락병 역할을 한 놀란도 루칸에게 명령 을 명확하게 전달하지 못했다는(어느 정도는 타당했다) 이유로 비난을 받았다. 루칸은 자신이 부당하게 조롱받는다고 느껴서(이것도 어느 정 도 타당했다), 자신을 군법 회의에 회부시켜 주면 거기에 나와 스스로 를 해명하고 본래의 쪽지를 보여주겠다고 요구하지만, 래글란은 여 기에 연루되기를 거부한다. 당시 래글란은 영국 사교계의 거물이었 기 때문에 루칸의 계속된 요청은 거절당했다.

『더 타임스The Times』에서는 누군가에 의해 대실책이 빚어졌는 데 영국 사교계에서는 이를 무조건적인 영웅주의로 채색하여 사건 의 은폐를 묵인하고 있다고 공격했고, 계관시인 알프레드 테니슨 경 은 다소 감상적인 〈경기병 여단의 돌격〉이라는 시를 1854년 12월 에 발표했다. 영국 대중은 그 어리석은 사건을 평가할 계기를 맞았 지만 전쟁 문학이 나서서 불명예스러운 일을 찬양하자 사건의 진실은 모호해졌다. 위대한 영국 국민들은, 테니슨의 시를 음악당에서 낭송하며 흐느끼면서, 그 작품의 주인공들인 크림 전쟁 참전 용사들이 견뎌야 했던 엄청난 고난과 가난은 열심히 외면했다. 이런 분위기가 너무 심해지자, 러디어드 키플링Rudyard Kipling은 1890년에 〈경기병 여단의 최후The Last of the Light Brigade〉를 발표하였다. 이 시는 크림 전쟁에 참여한 병사들의 용기와 생존자들의 가난을 조명함으로써, 때늦은 행동으로나마 집단적 양심을 효과적으로 자극했다.

시카고 대화재를 낸 것은 암소일까, 혜성일까?

○
●

1871년 10월 8일 밤 9시 무렵, 시카고가 대화재로 인해 황폐화되었다. 이 사건은 미국 역사상 도시 대화재의 기록에서 상위를 차지한다. 화재가 잦아들었을 즈음, 시카고의 거의 $10km^2$가 쑥대밭이 되었다. 사망자 300명에 노숙자가 10만 명 이상 발생했으며, 현재의 가치로 환산하면 약 45억 달러에 달하는 2억 2200만 달러가 방재 비용으로 쓰였다. 그런데 불씨가 식기도 전에, 이 화재가 드코벤가 DeKoven Street의 올리어리O'Leary 집에서부터 발생했다는 소문이 돌았다. 술에 취한 캐서린 올리어리Catherine O'Leary가 미숙하게 암소의 젖을 짜서 화가 난 암소가 램프를 발로 찼고, 그 램프가 지푸라기가 흩어져 있는 바닥에 넘어져 집 뒤편 헛간에서 불이 시작되었다는 것이었다. 악의적인 동기에서 나온 이 헛소리에 대해 반박 의견이 제기되었는데도, 시카고는 그저 암소를 범인으로 모는 이 발상으로 집단적인 상상력에 사로잡혔다. 다소 최근이라고 할 수 있는 1967년 무렵에는, 브라이언 윌슨Brian Wilson이 비치 보이스Beach Boys'의 초기 미발매 앨범인 '스마일Smile'에 '올리어리 부인의 암소Mrs O'Leary's Cow'라는 곡을 수록할 정도였다.

그날 밤 여러 건의 화재가 발생했는데 그중 하나가 실제로 드코벤가DeKoven Street 137번지에 있던 올리어리 집 뒤편의 창고에서 발생했다. 현장을 찾았던 소방서장은 나중에 다음과 같이 증언했다. "우리가 통제하고 있었기 때문에 화재는 30cm도 더 번지지 않았습니다. 그 후 또 다른 화재 사건이 났는데, 사람들이 와서 세인트 폴 교회St Paul's Church에서 북쪽으로 두 블록 올라간 지점에 불이 났다고 전해주었습니다." 소방서 팀은 서둘러서 다음 사건 현장으로 달려갔다. 소방서장은 도착했을 당시를 이렇게 기억했다. "내가 알기로는 베이트햄 제재소Bateham's Planing Mill에서 불이 나고 있었는데, 그곳은 첫 화재가 일어난 곳에서 멀리 떨어진 건물들이었고 다른 화재와 전혀 접촉이 없었는데도 내부로부터 화염이 타오르고 있었습니다."

적어도 이 소방서장의 증언에 따르면, 시카고 화재가 올리어리의 암소가 램프를 발로 차서 시작되었다는 헛소문은 별 탈 없이 기각될 수 있음이 분명하다. 특히나 암소로 인한 화재설을 처음 발표했던 언론인도 나중에 그 이야기는 자기가 지어낸 것이라고 인정했기 때문이다. 당시 시카고의 아일랜드 카톨릭 집단은 개신교 특권층으로부터 멸시당하고 있었기 때문에, 그 지역 사회의 희생양, 아니 어쩌면 희생소가 되어주어야 마땅했다.

시카고 대화재를 집중적으로 다루고 있는 역사서는 많지만, 시카고 화재가 그날 밤 미국 5대호 지역에서 발생한 유일한 화재가 아니었다는 사실은 대개 언급하고 있지 않다. 휴런호Lake Huron 남단의 휴런항Port Huron과 화이트 락White Rock에 있던 마을들도 같은 날 밤에 초토화가 되었고, 미시간호Lake Michigan의 홀랜드Holland와 매니스티 Manistee도 마찬가지였다. 매니스티와 홀랜드의 호수 건너편에서 발생한 화재도 어마어마해서, 다른 모든 화재를 통틀어도 규모가 그보다 왜소할 정도였다. 페시티고Peshtigo (위스콘신주에 있는 마을)의 화재는 거의 잊혀졌는데, 약 2,500명이 사망하고 십여 개의 주변 마을과 최소 6,000km^{2}의 숲이 파괴되었다. 이는 미국 역사상 단연코 최악의 화재였다. 그런데 어떻게 이 모든 것들이 시카고 화재에 가려지게 되었을까?

페시티고 화재는 절정에 달했을 때, 5km 위로 치솟은 불기둥이 이끄는 화마가 1,000°C를 넘는 온도를 내뿜으며 시속 160km 이상의 속도로 번지는 무시무시한 장면을 보여주었다. 불길이 도착하기도 전에 기차와 건물이 그 자리에서 녹았고, 거기에서 도망쳐 나오던 사람들도 불에 타 사망했다. 시카고 호수 인근의 화재와 마찬가지로 페스티고 화재도 넓은 지역의 이곳저곳에서 동시 다발로 발생했기 때문에 도망치는 사람들이 어느 방향으로 가야할지 가늠할 수 없었다는 특징을 보였다. 인근의 강과 호수에서 피난처를 찾던 많은 이들이 익사하거나 저체온증으로 사망했다.

화재, 화재가 일어났던 전반적인 상황, 그리고 그것이 만들어 낸 불기둥 등에 관한 연구는 페시티고 패러다임Peshtigo Paradigm이라 불리는 것을 만들어냈다. 이는 페시티고를 초토화시킨 대재앙의 여건들을 재현하기 위한 청사진이 되어, 미 공군과 영국 폭격 사령부British Bomber Command가 2차 세계대전에서 드레스덴Dresden과 도쿄Tokyo를 소이탄으로 폭격할 때 불 폭풍을 만들어내는 데 사용되었다. 이 폭격으로 인해 발생한 엄청난 사망자 수에 비하면 히로시마와 나가사키의 총 사망자 수는 아무것도 아니다.

이 집단적인 화재 사건이 시사하는 가장 흥미로운 측면은 발생지를 공중에서 바라보거나 지도에 표시했을 때, 딱딱한 지표면을 향해 완만한 각도에서 탄총을 발사한 것과 비슷하게 퍼져 있는 패턴을 보인다는 것이다. 이로 인해 일각에서는 올리어리의 젖소보다 더욱 미스터리한 주범을 생각하게 된다. 그날 밤 그 지역에 비엘라Biela 혜성의 잔해들이 튀면서 땅 위로 떨어졌기 때문이었다. 이 혜성 이론은 1883년에 처음 제기되었는데 당시에는 가차 없이 기각되었다. 이론을 제기한 미 하원 의원이자 널리 알려진 아마추어 과학자인 이그나투스 로욜라 도넬리Ignatius Loyola Donnelly가 약간 괴짜라고 인식되었던 점이 주된 이유였다.

하지만 그날 밤 하늘에서 떨어지는 불덩이들과 그것들이 지표면에서 파란 불꽃으로 발화되는 것을 보았다는 무수한 증언이 있었던 것이 도넬리에게 유리한 상황이 되었다. 도넬리는 이 파란 불꽃이 혜성들과 혜성의 파편들에서 발견되는 메탄으로 인한 것이라고 주장한다. 더욱 최근 들어, 미국의 물리학자 로버트 우드 박사Dr. Robert Wood가 오랫동안 방치돼 있던 도넬리의 도전적 이론을 채택하여, 미국 항공 우주학회American Institute of Aeronautics and Astronautics, AIAA에 자신의 결론을 제시했다.

결론적으로, 그날의 불덩이들은 실은 비엘라 혜성이 폭발하며 그 일대에 쏟아진 백열white-hot 파편에서 시작된 것이고 이는 그 시간의 많은 목격자들이 하나같이 회고하는 것과 일치한다는 도넬리의 주장을 뒷받침하는 사실이 많다는 주장이었다.

화재 사건들이 발생한 얼마 후, 지역 역사가인 조지 워싱턴 셰아한John Washington Sheahan과 조지 퍼트남 업튼George Putnam Upton은 그날 밤 사건에 관한 지역민들의 이야기들을 수집하여 꼼꼼히 기록한 『대화재의 역사History of the Great Conflagration』(1871)를 발간했다. 페시티고 부근 마을에서 일어난 일들에 대해 사람들이 기억하는 내용들을 정리한 것이었다.

> 그런데 9시가 지나고 몇 분쯤 후에, 시카고 화재가 시작된 시기와 정확히 일치하는 시간에, 마을 사람들은 끔찍한 굉음을 들었다. 어떤 돌풍이 숲과 부딪치는 소리였다. 순식간에 하늘이 엄청난 불길

올리어리의 가문의 재기

올리어리의 집이 그날의 대화재를 잘 견뎌 내었다는 명백한 단서에도 불구하고, 올리어리 집안 사람들은 힘든 삶을 살았다. 기자들이나 적대적인 무리가 일상적으로 그들 주변을 맴돌았기 때문에, 올리어리 가족은 박해를 피해 시카고의 우범 지역인 사우스사이드Southside로 도피해야 했다. 역사적인 아이러니는, 이 강제적인 이사로 인해 올리어리 가족은 부를 축적하게 되어, 갱스터들의 소굴이었던 그곳에서 장차 시카고의 유명 가문이 되기 위한 기반을 닦았다는 것이다. 올리어리 가족이 이사를 하고 몇 년 후에 캐서린의 아들 제임스James는 현지 마권업자들의 심부름을 하면서, 지출 이력을 남기고 싶어 하지 않는 경마 도박꾼들로부터 조직적으로 돈을 가차 없이 뽑아냈다. 이 빅 짐 올리어리Big Jim O'Leary는 1900년대 초반에 불법 도박과 폭력의 제국을 건설하여 억만장자가 된 다음, 시카고의 가장 부유한 '유명 인사' 중 하나가 되었다. 그는 연합 조직의 두목 조니 토리오Johnny Torrio와 손을 잡은 덕분에 더욱 승승장구했고, 시카고를 토리오의 '부하' 알 카포네Al Capone가 걷게 될 이상적인 무대로 만들어 놓았다.

에 휩싸였다. 어둡던 하늘이 순식간에 환해졌다. 그 끔찍한 사건의 목격자에 따르면, 그 불길은 나무들에 불이 번졌거나, 어떤 불붙은 것들이 바람에 날려 서서히 일어난 게 아니었다. 불길은 나무 꼭대

기들보다 한참 위에 있는 커다란 구름 속에서 불꽃 회오리를 일면
서 시작되었다.

다른 목격자들도 그 불길은 '하늘에 쫙 퍼진 엄청난 화염'에서 발
생했다고 한목소리로 굳건하게 주장했고, '하늘에서 무자비하게 쏟
아지던 불비와 뜨거운 모래'에 대해서도 언급했다. 많은 이들이 '하
늘에서 떨어지던 거대한 불덩이'에 대해 언급하면서 '전체 하늘이
화염으로 가득 찼고, 커다란 풍선 크기의 엄청난 불덩이들이 연기를
내며 도저히 믿기 힘든 속도로 내려왔다'라고 했다. 그리고 그것들
은 땅에 떨어져 파열했다.

뜨거운 모래의 언급에 관해서는, 시카고 소재 코로네트 교육 영화
Coronet Educational Films의 수석 작가이자 과학 제작자인 멜 워스킨Mel
Waskin이 쓴 『올리어리의 혜성O'Leary's Comet』(1985)에서 다루어졌다.
유성들이 실리카 소나기를 동반할 수 있다는 사실을 알고 있던 워스
킨은 "당시 모래가 있는 해변이 있었지만, 그곳은 동쪽에 있었고 바
람은 서쪽과 남쪽에서 불었다. 위스콘신의 숲이나 농지의 바닥에는
모래가 없었다"고 주장했다.

우주에서 떨어지는 파편들은 대부분 보통 지구에 닿을 때쯤 차가
워진다. 그리고 보통 크기의 많은 우주 손님들이 지구 대기권을 통
과할 때 파괴되어 '모래'처럼 떨어진다. 그러나 큰 파편들은 과거에
도 그리고 최근에도, 대기권 장벽을 뚫고 내려와 화재를 동반한 심

각한 충격을 가해왔다. 2011년 8월 29일에도, 그런 단일한 물체가 불꽃 꼬리를 이끌며 떨어지는 게 관측되었다. 그것은 페루의 쿠스코 Cusco를 지나 도시 남쪽의 바싹 마른 숲으로 추락했고, 그 자리에는 바로 불길이 치솟았다. 2013년 8월 11일에도, 터키의 케페즈 차나 칼레Kepez Çanakkale 마을에 인접한 숲에서 매우 똑같은 일이 일어났다. 비엘라 혜성 분열과 같은 대형 사건이 터져 다양한 크기의 수백 수천 개의 조각들이 떨어졌는데, 어떤 것들은 페시티고의 뜨거운 모래처럼 전소되어 떨어졌고, 어떤 큰 것들은 지구에 도착하여 화재를 일으켰다.

올리어리의 암소에 대해 처음 허위 기사를 썼던 언론인 마이클 에이헌Michael Ahern은 1893년에 그 암소에 대한 명예 훼손을 마침내 인정했지만, 그때쯤에는 아무도 그에 귀를 기울이지 않았다. 하다못해 올리어리 부인과 그녀의 소가 마침내 시카고 시의회로부터 공식적인 면죄부를 받는 일이 생긴다. 이는 1997년 10월에 이루어진 다소 때늦은 장난조의 행사였는데, 여기에서 공표된 것은 소가 언론의 희생자였다는 사실이었다.

전쟁을 통해 자살하고 싶었던 고든 장군

○
●

기록에 따르면, 찰스 고든Charles Gordon은 조금 이상한 사람이었다. 고든은 기독교 근본주의자였지만 동성애적 성향이 있었고 이는 기독교에 위배되는 것이었다. 그는 종종 자신이 거세자로 태어나는 게 나았다는 말을 하거나 글을 썼는데, 이런 내적인 갈등으로 인해 죽음을 동경하는 성향을 키우게 된 듯하다. 1855년 겨우 22세의 나이에 고든은 러시아에 대항하는 전쟁에 파견되어 크림 반도로 가게된다. 그때 그는 누이 오거스타Augusta에게 편지를 보내면서 '내 손을 직접 대지 않고 죽고 싶은 희망을 가지고' 발라클라바Balaklava로 떠난다고 썼다. 그는 군에서 승승장구하였고, 태평천국의 난(1850-1864)의 진압을 계기로 영국 국민에게 유명해졌다. 이 사건은 아이러니하게도 대평화(태평천국)라는 뜻의 이름을 가진 민족주의자들이 당시 통치하던 만주족 왕조(청나라)를 무너뜨리고 자신들이 천국이라 부르는 체제로 대체하고자 했던 내란이었다. 영국에서는 '중국통'으로 통하던 고든이었지만, 중국에서는 존경받지 못했다. 아직도 중국에서는 그를 제국주의의 불한당으로 묘사하고 있다.

고든은 중국에서 돌아오자 침울한 은둔자로 변했다. 그는 자신의 시간과 돈을 런던 빈민가의 집 없는 소년들을 위한 학교 운영에 쏟았는데, 그 동기에 대해서는 의심을 받았다. 그러나 고든이 추구한 은둔 생활은 오래 갈 수가 없었다. 1883년에 자칭 마흐디Mahdi[71]였던 무하마드 아마드Muhammad Ahmad가 수단을 동족상잔의 분쟁으로 몰고 가자, 영국 대중들이 그 사태를 정리하라고 '중국통' 고든을 부르기 시작했다. 1884년 1월에 글래드스턴Gladstone[72] 정부는 대중의 요구에 굴복하여 고든을 아프리카에 파견한다. 그는 영국 정부로부터 하르툼Khartoum[73]에서 영국인들을 대피시키고, 필요한 시일보다 조금도 더 머무르지 말고 즉각 복귀하라는 엄령을 받는다. 하지만 글래드스턴이 가장 두려워했던 일이 일어나는데, 고든이 하르툼에 진을 치고서 퇴각하지 않은 것이다.

글래드스턴은 고든이 하르툼을 떠나지 않기로 마음먹은 사실을

---

71 이슬람 메시아의 일종.

72 1809년 12월 29일부터 1898년 5월 19일까지 재임한 영국의 전 총리.

73 수단의 수도.

모르고 있었다. 고든은 하르툼이 자신이 열망하던 순교의 도시로 적합하다고 판단했다. 인격 형성기 시절부터 의기소침하고 내성적이었던 고든은 아스퍼거 증후군Asperger's syndrome[74]에 시달렸다는 설이 있다. 그는 오랫동안 성경책만 읽으며 우울한 자기반성의 시간을 지나치게 보냈다고 한다.

이집트의 총영사관 에블린 베어링 경Sir Evelyn Baring이 웨스트민스터에 보고하기를, 고든이 구약에 나오는 선지자들의 지시를 직접적으로 받아들이고 있기 때문에, 인간의 지시는 따르지 않을 것이라고 했다. 베어링이 옳았던 듯싶다. 하르툼에 간 고든은 점점 더 메시아 사상에 빠져들었다. 그는 '마흐디와 함께 나약하고 역겨운 데르비시Dervishe[75]'들을 처단하겠다고 선언하면서 '두려워 말라. 너희는 여자가 아니고 남자이니라. 나, 고든이 왔도다'라는 전보를 도시에 발송했다.

그런 다음 그는 수단 북부의 베르베르Berber 마을에서 현지 부족 지도자들과 함께 회의를 여는 결정적 행동으로 자신의 운명을 갈랐다. 그는 마흐디의 기세등등한 활약으로 인해 이미 수단 땅에 병력을 주둔하고 있던 이집트인들도 철수를 발표했기 때문에 모든 영국민들을 하르툼에서 대피시켜야 한다는 비밀 명령을 그들에게 공개

---

74 집단에 적응하지 못하는 정신 발달 장애.

75 극도의 금욕 생활을 서약하는 이슬람교 수도사.

했다. 고든은 그들에게 "우리가 이 전쟁을 포기한다는 게 알려지는
순간, 모든 인간은 마흐디의 손에 넘어갈 것이다"라는 말을 했다고
한다. 이는 그가 전쟁터에서 죽겠다는 자살의 암시 말고는 다른 각
도에서 읽혀지지 않는다.

　고든은 하르툼에 진을 치고서 마흐디에 대항하겠다는 의지를 공
표한 뒤, 대량의 탄약과 충분한 포병으로 구성된 약 8,000명의 무장
군인을 이끌고 3,000명가량의 민간인 구출에 착수했다. 하지만 그들

의 패배는 시간 문제였다. 1884년 3월 하르툼은 마흐디에 의해 포위당한다. 그리고 그 해 연말 즈음, 하르툼의 사람들은 거의 굶어 죽기직전까지 갔다. 고든은 자신의 누이에게 '지상의 즐거움이 희미해지고 지상의 영광이 어두워질 때' 자신이 죽는 것이 신의 뜻이기를 희망한다는 편지를 썼다. 그는 쉬지 않고 담배를 피우는 골초였고, 폭력적인 기분이 심해질 때도 하인들을 공격하지 않았으며, 하르툼의방어를 지휘하기 보다는 사무실에서 같이 사는 생쥐들과 함께 하나님의 장엄한 계획들을 얘기하며 더 많은 시간을 보냈다. 고든의 심리 상태를 모르고 있던 영국 대중들은 구조 부대를 보내 국가의 영웅을 구출하지 않는다고 글래드스턴을 공격했다. 마침내 빅토리아여왕까지 가세하자 글래드스턴 총리는 수그렸고, 결국 1884년 8월에 육군 원수 가넷 울즐리 경Sir Garnet Wolseley을 지명하여 나일 원정대를 이끌고 최대한 서둘러서 하르툼으로 진격할 채비를 하라고 지시했다. 이 지점에서 토머스 쿡 여행단Thomas Cook Travel이 등장한다.

마흐디의 후예

마흐디 무하마드 아마드Mahdi Muhammad Ahmad는 하르툼에서 고든에 맞서 승리를 하고 6개월 뒤에 티푸스에 걸려 죽는다. 그러나 마흐디가 시작한 전쟁은 계속 진행되었고, 결국 키치너 경Lord Kitchener은 수단에 도착하여 그의 젊은 중위 윈스턴 처칠Winston Churchill에게 공개적으로 비난을 받을 만큼 잔인한 복수전을 펼친다.

키치너가 수단에 들여간 유일한 무기는 나중에는 금지된 덤덤탄dum-dum round이었는데, 이는 충돌 시 끝이 '납작해지는' 중공탄hollow-point bullet[76]이었다. 키치너는 마흐디의 아들들이나 다른 친척들을 손도 못 쓸 정도로 사살했다.

나중에 영국인들은 마흐디가 죽은 해에 태어난 그의 아들 사이드 알마디Sayidd al-Mahdi를 온건주의자로 보아서 그와 함께 사업까지 벌였다. 신중하고 온화한 성격의 그는 이집트의 파룩 왕King Farouk과 여러 차례 만났고, 나중에 1950년대에는 영국 외무장관 앤서니 에덴 경Sir Anthony Eden이나 윈스턴 처칠 총리와도 회담을 열었다. 숙련된 협상가이기도 했던 그는 1956년 1월 1일에 이집트-영국 동맹에서 수단 독립을 획득해냈다.

---

76 끝이 납작해지기 때문에 몸을 관통하는 대신 깊게 박혀 큰 내상을 입히는 탄환.

1808년에 더비셔Derbyshire에서 태어난 토머스 쿡Thomas Cook은 다른 모임뿐 아니라 전국 금주 집회에서 목사들의 간증을 듣기 위한 모임이나 회합을 조직하기를 좋아하는 독실한 금주 목사였다. 그는 1841년 7월 5일에 러프버러Loughborough에서 열리는 금주 집회를 위한 500명분의 왕복 여행권으로 미들랜드 철도Midland Railways와 1인당 1실링에 일괄 거래를 한다. 1870년에는 세계여행 광고를 했는데, 여기에서 영감을 받아 나온 책이 쥘 베른Jules Verne의 『80일 간의 세계 일주Around the World in Eighty Days』(1873년)였다. 그는 나일강을 따라 올라가는 고고학 여행을 운영하고 있었는데, 각 기슭마다 자유로운 통과가 보장되도록 여러 부족장 및 지역 군벌과 협정을 맺고 있었다. 토머스 쿡이 대규모의 사람들을 이끌고 외국 땅을 왕래하는 데에 상업적인 전문성이 있다는 사실을 알게 된 글래드스톤 총리는, 그를 고용하여 전쟁에 필요한 보급 물자를 울즐리 경에게 가장 먼저 배달할 수 있도록 휴일 패키지 관리를 맡겼다. 그런데 쿡이 일을 제대로 했음에도 불구하고 구조 부대가 이틀이나 늦게 도착했다.

하르툼은 마흐디의 병사들에 의해 장악되었고, 그곳에 있던 이는 모두 도살되었다. 거기에는 고든도 끼어 있었다. 생존자들은 그가 성서 구절들을 외치며 권총을 난사하다가 쓰러졌다고 전했다. 고든의 머리는 잘려서 창끝에 꽂혀 승리자들 앞에 매달렸고, 시체의 나머지 부분은 난도질되어 우물에 던져졌다. 글래드스톤은 고든의 최후에 관한 이야기가 국내에서 환영받지 못할 것임을 알고 있었다. 따라서 그는 고든이 군복을 잘 차려입고 무기를 소지하지 않은 채 걸어 나왔으며, 침략자들은 그런 그의 평온한 모습을 보고 두려워하며 물러났는데, 그 중 한 겁쟁이가 그를 향해 창을 던졌다는 헛소문을 퍼뜨렸다. 그는 화가 조지 윌리엄 조이George William Joy에게 캔버스 위에 이런 상황을 묘사하도록 위탁까지 했다. 이 정치적인 선전은 매우 효과적이어서 아직도 대부분의 사람들은 고든이 죽은 경위를 그렇게 기억하고 있다. 영국 대중들이 고든의 죽음을 너무 많이 슬퍼한 나머지 빅토리아 여왕은 글래드스턴에게 그 책임을 묻는 서면 질책까지 공개적으로 발표했고, 결국 글래드스턴은 총리직에서 물러나게 된다.

게르니카 폭격과
'쓰러지는 병사' 사진의 조작

○
●

게르니카 폭격 사건의 이야기와 소위 '쓰러지는 병사Falling Soldier'라는 사진은 대부분의 사람들에게 스페인 내전(1936-1939)의 공포를 여실히 전해준다. 그렇다면, 게르니카 폭격에 대한 보고들은 그 실상을 정확히 반영하고 있으며, 그 유명한 사진도 사실을 담고 있을까?

1937년 4월 26일에 게르니카 마을이 공중 폭격의 대상이 된 것은 분명하다. 하지만 그 가해자들의 잔혹함, 기간, 목적은 사실 알려진 바와 매우 달라서 배상 청구와 맞고소의 대상이 될 만하다. 공산주의의 지지를 받고 있던 공화파는 그 마을이 혼잡한 장날에 폭격을 맞아 말살되었기 때문에 수천 명의 사망자가 났다고 주장한다.

한편, 나치 독일의 지원을 받던 최후의 승자 프랑코 장군General Franco의 민족주의파는 그 마을이 적법한 목표물이었고, 그 폭격은 전략상 중요했으며, 그곳에 가해진 잔혹성도 제한적이었다고 주장했다. 다시 말해 공화파에 의하면, 지역민들이 게르니카라고 부르는 그 마을에 대한 공습은 2차 세계대전에 대한 대비로 민간인에 대한 융단 폭격의 효과를 시험할 은밀한 목표를 지닌 독일 콘도르 군단German Condor Legion에 의해 수행된 것이다(그들은 가담한 사실을 부인하지 않는다). 악명 높은 붉은 남작Red Baron[77]의 사촌 볼프람 폰 리치호펜Wolfram von Richthofen이 이끌던 콘도르 군단은 이 비밀 안건을 유지하면서, 게르니카라는 무고한 마을을 되는 대로 골라 가차 없이 폭탄을 떨어뜨림으로써 자신들의 대장이 혁혁한 실적을 올릴 최고의 기회를 선사하려고 계획했다. 그러나 이 주장에 대해 지지 자료는 전혀 없는 데 비해 반박 자료는 아주 많다.

당시 그곳의 공화파 군대는 총퇴각 중이었는데, 그 진군 방향을 보면 비즈카야Vizcaya — 외부인들에게는 비스케이Biscay로 알려져 있는 — 바스크 지방에 있는 게르니카에 한꺼번에 몰릴 것임이 분명했다. 마을에는 이용 가능한 철도 터미널이 있었고 아스트라Astra 소형 무기 공장도 있었기 때문에, 그곳이 목표물로 선정되지 '않는다는 것은' 기적이나 다름없었다. 문제의 날은 월요일로, 그 마을의 평상시 상황이라면 장날이었고 민간인들이 모습을 많이 나타내는 날

---

77 1차 세계대전 당시 활약한 독일군 만프레트 폰 리히트호펜Manfred von Richthofen을 지칭한다. 전투기를 빨갛게 칠하고 다녀서 붙은 별명이다.

이었다. 하지만 군대는 퇴각 시 으레 도로를 봉쇄했기 때문에 시장
은 접근 금지가 되었다. 그렇게 조치를 취하지 않았어도, 마을 인근
의 시골 주민들은 계속 늘어나는 공화파 군인의 수를 감지하면서 사
태를 짐작하고 그곳을 정박지로 내주려고 하고 있었다. 폰 리치호
펜에 따르면, 그때 민족주의파 지상군들이 게르니카에 재빠르게 접
근하고 있었기 때문에, 그들의 목표는 다리와 도로 시설을 파괴하여
게르니카 밖에서의 접근을 제한하는 것이었다.

공격 무기는 하인켈Heinkel 111기 2대, 도르니에Dornier 17기
1대, 융커스Junkers 52기 18대와 이탈리아제 소비아 마르체티Savoia-
Marchetti 79기 3대를 비롯해 250kg 또는 50kg짜리 폭탄 22톤과 소이
탄 1kg으로 이루어져 있었다. 5회 공격 중 첫 번째는 오후 4시 30분,
두DO 17기에 의해 실시됐다. 이 공습기는 남쪽으로부터 마을에 접
근하여 50kg짜리 폭탄 12개를 투하했다. 그 다음에는 이탈리아제
SM 79기들이 마을의 동쪽으로 나 있는 다리와 도로를 폭파하되 마
을은 폭파하지 말라는 명확한 지령을 받고 날아왔다. 게르니카의 말
살이 주된 목적이었다면, 이는 목적에 위배되는 이상한 명령이다. 하
인켈 기와 융커스 기가 관여된 공습이 세 차례 더 실시된 후 마지막
공습은 오후 6시경에 종료된다.

일설에 따르면, 그 마을의 약 4분의 1이 파괴되고 화재를 겪었다.
게르니카는 당시에는 지금보다도 작은 지역이었기 때문에 대부분
의 전문가들은, 독일군이 보유하고 있는 비행기들의 폭발력을 시험

하기 위해 이런 규모로 폭파했을 거라는 의견에 뜻을 같이한다. 위에 언급한 폭탄 중량들은 투하된 포의 전체 중량을 반영한다는 사실을 유념해야 한다. 1930년대 폭탄의 평균 폭발력은 전체 폭탄 중량의 50% 미만에 머물렀다. 따라서 이날 투하된 폭발물의 총 중량은 10톤 정도였다(폭탄 22톤의 50%이므로). 폭발물이 떨어질 때 그 아래 있으면 썩 기분이 좋지는 않겠지만, 전쟁 상황에서 이런 정도는 거의 심한 폭격을 일으키지 않는다.

당시 공화파는 마을의 절반 이상이 파괴되었다고 주장했지만, 그 말이 사실이어서 게르니카를 완전 말살하는 게 목적이었다면, 왜 그 독일군들은 그 목적을 달성하기 위해 비슷한 규모의 또 한 차례 공습을 감행하지 않았을까? 그리고 공화파가 주장한 대로 마을의 절반 이상이 폐허가 되었다면, 왜 게르니카의 많은 초기 건축물들이 오늘날에도 건재한 것일까? 19세기 의회 건물들이나 재판소Tribunales 도 남아 있고, 15세기의 산타마리아 교회Church of Santa Maria, 13세기의 세인트 토마스 교회Church of St Thomas도 여전히 멀쩡하다.

사망자 수는 또 어떨까? 공화파는 무고한 민간인 2,000명 이상이 살해되었다고 주장하지만, 다시 우리가 예측할 수 있듯, 이는 불가능하다. 1930년대에 장애물 없는 도시 지역의 지상 인력에 가해진 공중 폭격으로 인한 평균 살상률은 투하된 1톤 당 약 7명이었다. 그러면 그날 투하된 22톤의 7배는 154명이고 이는 게르니카 역사 단체Gernikazarra History Group의 의견인 153명에 좀 더 정확하게 부합한다.

그러나 이렇게 조용하고 분별력 있게 논리를 전개해도, 논쟁의 양 진영에서 아직도 제기하고 있는 주장들은 수그러들 줄 모른다.

비교적 최근인 1970년 1월 30일에는, 마드리드Madrid에 있는 프랑코파 신문『아리바Arriba』에서 그날 게르니카에서 사망한 인원이 12명밖에 되지 않는다고 주장했다. 이는 친공화파 사람들이 사망자 수가 수천 명에 달한다고 주장하는 것만큼 말도 안 되는 주장이다.

냉전 스파이 킴 필비Kim Philby가 좌익 성향이어서 소련의 후원을 받은 공화파를 지지했다는 사실에는 거의 의심의 여지가 없다. 그도 4월 28일에 게르니카를 다녀간 것으로 알려져 있다.[78] 이미 모스크바의 하수인이었던 그는 스탈린으로부터 프랑코 장군의 암살을 조직하라는 지령도 받았다고 한다. 이러한 필비의 은밀한 활동은 로이터 통신원 어네스트 시프생크스Ernest Sheepshanks의 의심을 사기에 충분했다. 시프생크스는 필비에게는 대단한 위협 요소여서, 필비가 수류탄을 그의 차 안에 던져 그를 제거했다고 전해진다. 어찌되었건, 그날『더 타임스』에 발송된 필비의 기사는 다음과 같다.

---

78 당시, 킴 필비는『더 타임스』지의 통신원이었다고 한다.

잃어버린 아이들 Enfants Perdus

스페인 내전은 히틀러–무솔리니의 지지를 받는 프랑코 장군이 공산주의의 지지를 받는 공화파 정부에 대항하여 쿠데타를 일으켰던 전쟁으로, 1936년 7월 18일에 일어났다. 공화파의 대의는 어니스트 헤밍웨이 Ernest Hemingway 같은 이들에 의해 낭만적인 모험처럼 그려지기도 했다.[79] 하지만 헤밍웨이의 모든 대담한 후일담은 대부분 마드리드의 플로리다 호텔 Hotel Florida에서 술을 마시면서 누군가에게서 전해들은 정보를 모아서 쓴 것이다.

공화파의 기치旗幟 아래 몰려들었던 대부분의 이상주의적 외국인들은 이내 그 전쟁의 잔혹한 현실을 보게 된다. 미국 병사 3,000여 명도 링컨 대대 Lincoln Battalion에 합류했지만, 공화파 사령관들의 지휘 아래에서 그들은 철벽 수비력을 가진 적군에게 공격을 가할 '잃어버린 아이들'로 소모되었다. 그들은 숙련된 스페인 병사들을 희생시키기에는 아까운 장소로 보내진 자들이었다. 1938년에 링컨 대대가 본국으로 귀환했을 때, 3분의 1 이상이 사망하거나 중상을 입은 상태였다. 마찬가지로, 이념의 허상을 쫓아 참여한 다른 국제 여단들의 총 60,000명 중 3분의 1 이상이 똑같이 가차 없이 소모되었다.

---

79 헤밍웨이는 이 전쟁을 바탕으로 『누구를 위하여 종은 울리나』(1940)를 썼다.

대화재로 사건의 원인에 대한 많은 증거가 파괴되어 우려가 되지만, 프랑코파의 폭파보다는 바스크인들의 방화가 게르니카의 말살과 더욱 관련이 있다는 민족주의파의 주장을 뒷받침하는 증거들이 충분히 남아 있다고 느껴진다. 폭탄의 파편은 별로 발견되지 않았고, 아직도 끄떡없이 서 있는 건물들의 외관도 손상이 없다. 기자가 확인한 몇 개의 움푹 팬 자국들도 이제껏 스페인의 어떤 폭탄이 만들어낸 자국들보다 컸다. 파인 자국의 위치로 보아(대부분 도로 위 맨홀들의 위치와 일치하는데), 이 자국들은 비과학적으로 도로를 자르려고 지뢰를 폭발시킬 때 발생했다는 추론이 타당하다. 이러한 상황을 고려할 때, 게르니카가 바스크인들이 주장하는 대로 민족주의파들이 실시한 엄청난 폭격이나 방화 폭탄의 실험이었다고 믿기는 어렵다.

어떤 이들은 아직도 석유통들이 여기저기 흩어지고 버려져 있는 상태에서 내부에서 발화된 것이 매우 명백해 보이는 건물들의 사진을 찍어두었다. 사실 콘도르 군단은 몇 건 안 되는 가벼운 화재들을 일으키곤 했다. 각각 약 450g의 폭발력을 지닌 화재였지만, 그 발화의 특성상 여러 층의 건물을 꼭대기에서 바닥까지 태워버리는 경향이 있었다. 게르니카 공습 이후 타버린 건물들의 뼈대를 바로 검사해보니 대부분 바닥으로부터 탄 것들이었다. 공습 이후 게르니카를 방문했던 많은 외국 언론인들의 의견은, 그러한 규모로 파괴되려면 수백 개의 폭탄이 투하되어야 했다는 것이다.

무엇보다 가장 의심스러운 것은, 한때 바스크의 수도였던 게르니카의 4분의 1의 지역에, 오래된 공회당Meeting House이나 신령수 참나무 게르니카코 아르골라Gernikako Arbola('게르니카의 나무'라는 뜻)가 아직도 그대로 서 있고, 그 아래로 중세 시대에 왕립헌장Royal Charter of Privilege을 최초로 받았던 '비즈카야 의회Council of Vizcaya'도 완전히 멀쩡하게 남아 있다는 사실이다. 바스크인들의 도심 지역에서 피해를 비켜간 장소들의 정신적·역사적인 중요성은 게르니카에 누가, 무슨 일을 저질렀는가에 대해 큰 의문을 남긴다.

하지만, 공화파는 아직도 그 유명한 〈게르니카〉라는 작품을 피카소에게 급히 그리게 위탁함으로써 선전 전쟁에서 승리했다. 1937년 세계 박람회 스페인 관에서 첫 선을 보인 가로 5m, 세로 8m의 캔버스에 담긴 이 그림은 관람자들에게 전쟁의 악몽을 이미지로 보여준다. 그림은 수천 마디의 말을 한다고 하는데, 피카소의 그림은 스페인 내전의 생생한 공포를 다른 나라들에게 매우 잘 전달하고 있었다. 특히 아무런 죄가 없는 마을 주민들에게 전례 없는 집중 포격을 가한 자기 나라 조종사들에 대해서는 입을 꾹 다물면서, 스페인 내전에 대해 그리고 특히 게르니카의 폭격에 대해 비난하는 여론몰이를 하고 있었던 미국을 대상으로였다.

1925년에는, 미국인으로 구성된 비행 중대가 모로코에서 봉기하던 베르베르Berber족을 평정하도록 스페인을 도와, 셰프샤우엔

Chefchaouen 이라는 보잘것없는 마을을 폭격하여 막대한 사상자를 낸 사건이 있었다. 군사적인 중요성이 조금도 없었던 게르니카 정도 규모의 — 인구 7,000명 정도의 — 그 마을은 그들의 반란 의지를 꺾는다는 이유 말고는 아무런 다른 이유 없이 폭격을 입었다. 모로코 마을 사람들이 얘기하듯, "게르니카의 이야기는 유명해서 셰프샤우엔의 모두가 알고 있지만, 셰프샤우엔의 이야기는 가려져서 게르니카의 누구도 들어보지 못했을 것이다."

대개 책이나 영화에서 프랑코-독일(나치) 군대는 경직된 파시스트 악당으로, 공화파는 결사적이고 가학적인 반대당에 맞서 싸우는 숭고한 이상주의자로 그려지고 있다는 데 이의가 없을 것이다. 그러나 민족주의파(프랑코파) 못지않게 스스로의 잔학 행위에 열광했던 고귀한 이상주의자들이(공화파) 저지른 50,000건의 민간인 살육 사건에 대해 언급하고 있는 것들은 별로 없다. 훌륭한 공산주의자였던 공화파들은 교회에 대해 특별한 증오심을 품고 있었다.

그 결과 약 7,000명의 성직자와 수녀들이 강간을 당하고, 십자가에 못 박히고, 경기장의 황소에게 던져지고, 산 채로 태워지거나 거세되고, 지역의 식수 공급을 오염시킬 의도로 우물에 던져지는 등 수많은 형태로 고난을 당했다. 성직자를 살해하는 데 가장 앞장섰던 이 중 하나는 라 페코사La Pecosa (주근깨투성이)로 알려진 여성이었는데, 그녀는 수녀들을 처형하기 전에 윤간을 시키는 것을 특히 즐거워했다.

1936년 7월 19일 밤에는 공화파 민병대가 바르셀로나 시내 50여 개의 교회에 방화를 저지르며 난동을 부렸는데, 여기에서 살아 남은 대성당과 교회는 겨우 8군데였다. 바바스트로Barbastro의 아라곤 Aragon에서는 성직자의 90% 이상이, 레리다Lérida에서는 약 62%가 살해당했다. 카탈로니아Catalonia의 토르토사Tortosa, 발렌시아Valencia의 세고르비Segorbe, 말라가Málaga, 미노르카Minorca, 톨레도Toledo는 단 50%의 성직자들만이 죽음을 면했다. 이런 동족상잔의 분쟁 중에는 어디나 그렇듯, 손에 피를 묻히지 않은 이는 아무도 없었다.

1936년 9월 5일에, 로버트 카파Robert Capa라는 예명을 사용하면서 종군 통신원이자 사진작가로 국제적인 유명세를 떨친 엔드르 프리드먼Endre Friedmann이 코르도바Córdoba 지방의 세로 무리아노Cerro Muriano 마을 외곽을 방문하게 되었다. 거기서 그는 한 공화파 민병대원이 원거리 저격수에 의해 머리에 총탄을 맞은 순간을 우연한 기회로 사진에 담게 되었다. 양팔을 벌린 젊은 청년이 오른손에서 총을 떨구며 뒤로 쓰러지는 장면을 담은 그 사진은 하룻밤 사이에 대인기를 얻게 되었다.

하지만 1975년, 이 유명한 카파의 사진 속에 배치된 인물과 배경을 유심히 살펴보던 스페인 지리학자들과 역사학자들은 의문을 제기한다. 소위 '쓰러지는 병사Falling Soldier'로 불리던 그는 무정부주의 자원병이던 페데리코 보렐 가르시아Federico Borrell García인 것으로 알려져 있었다. 그가 실제로 1936년 9월 5일에 체로 무리아노Cerro

Muriano 외곽에서 사살되긴 했지만, 그의 모든 동지들이 그가 나무 뒤에서 피신하던 사이에 총탄에 맞았다고 입을 모아 보고했다는 사실에서 처음 의혹이 제기되었다. 카파의 사진에 나오는 주변 지형에는 나무들이 없었을 뿐 아니라 카파가 그 시간에 그 곳에 있었다는 기록도 없었다.

사진 속 먼 배경에 있는 지리적인 풍경은 체로 무리아노 주변 어디에서도 찾아볼 수 없는 풍경이었다. 논란의 사진에 대해 많은 글을 쓴 바스크 컨트리 대학University of the Basque Country 시청각학 교수 호세 마누엘 수스페레구이 에쩨베스트José Manuel Susperregui Etxebeste에 따르면, 그 사진에 나오는 배경은 체로 무리아노에서 남동쪽으로 48km 정도 떨어진 에스페호Espejo의 지평선과 정확하게 일치한다. 1936년 9월 22일과 25일에 에스페호 인근에서 두 차례 전투가 일어났다. 그 때쯤이면 가르시아가 죽은 지 3주 정도가 흐른 뒤이고, 더구나 카파는 무리아노에 있지도 않았다. 따라서 그 사진은 가르시아를 찍은 것이 아니고, 체로 무리아노에서 찍은 것도 아닌 것으로 보인다. 더 나아가, 에쩨베스트는 그 사진이 카파가 주장하는 날짜보다 몇 주 전에 찍은 것이 틀림없으며, 카메라도 그의 유명한 라이카Leica가 아닌 당시 그의 애인이자 사업 파트너였던 게르다 타로Gerda Taro의 롤라이플렉스Rolleiflex로 찍은 것이며, 당시 삼각대 위에 고정되어 있었다. 다른 말로 하면, 모든 게 연출된 장면이었다.

연출이 되었든, 셔터를 누른 이가 카파였든 타로였든, 그 사진은

틀림없이 앞으로도 계속 상징적 지위를 유지할 것이다. 이탈리아에
는 이런 표현이 있다. "그게 진실은 아니어도, 그럴 듯한 허구이다Se
non e vero, e ben trovato." 그런데 카파의 사진이 "그럴 듯한 허구도 아니
라면", 그저 아무런 의미도 없다.

감사의 말

○

●

현대에 스톤헨지에서 일어나는 천체의 또는 태양계의 정렬이 5,000년 전에는 왜 그렇지 않았는지를 친절하게 개인적인 시간을 내어 내게 설명해 준, 시드니 대학 물리학과의 칼 크루스젤니키 박사 Dr. Karl Kruszelnicki 에게 특별한 감사를 전한다.

미스터리 세계사
세상을 뒤흔든 역사 속 28가지 스캔들

1판 1쇄 발행 2020년 1월 9일
1판 6쇄 발행 2022년 9월 22일

발행인 박명곤 **CEO** 박지성 **CFO** 김영은
기획편집 채대광, 김준원, 박일귀, 이승미, 이은빈, 이지은
디자인 구경표, 한승주
마케팅 임우열, 유진선, 이호, 최고은
펴낸곳 (주)현대지성
출판등록 제406-2014-000124호
전화 070-7791-2136 **팩스** 0303-3444-2136
주소 서울시 강서구 마곡중앙6로 40, 장흥빌딩 10층
홈페이지 www.hdjisung.com **이메일** main@hdjisung.com
제작처 영신사

ⓒ 현대지성 2020

> **"지성과 감성을 채워주는 책"**
> 현대지성은 여러분의 의견 하나하나를 소중히 받고 있습니다.
> 원고 투고, 오탈자 제보, 제휴 제안은 main@hdjisung.com으로 보내 주세요.

현대지성 홈페이지